GASTON DESCHAMPS

(Causeur... la Causerie)

A Constantinople

5930

PARIS

CALMANN-LÉVY, ÉDITEURS

3, RUE AUBER, 3

A CONSTANTINOPLE

CALMANN-LÉVY, ÉDITEURS

DU MÊME AUTEUR

Format in-18.

CHEMIN FLEURI. . . . . 1 vol.
LE RYTHME DE LA VIE . . . . 1 —

Droits de traduction et de reproduction réservés
pour tous les pays.

Copyright, 1913, by CALMANN-LÉVY.

E. GREVIN — IMPRIMERIE DE LAGNY

GASTON DESCHAMPS

A CONSTANTINOPLE

PARIS

CALMANN-LÉVY, ÉDITEURS

3, RUE AUBER, 3

A CONSTANTINOPLE

Une rumeur surgit de l'Isthme jusqu'au Phare.
Regardez ce ciel noir, plus beau qu'un ciel serein;
Le vieux colosse turc sur l'Orient retombe...
                              VICTOR HUGO.

En ce moment, les yeux du monde entier sont fixés sur Constantinople. Il faut, pour retrouver dans le cours des temps révolus une pareille unanimité d'attention passionnée, remonter à plus de quatre siècles en arrière et revoir en imagination les scènes tragiques de cette journée du 29 mai 1453, où la ville de Constantin, l'ancienne capitale de l'empire chrétien d'Orient, fut prise d'assaut, mise à feu et à sang par les janissaires et par les bachi-bouzoucks du sultan Mahomet.

Nous assistons évidemment à des événements historiques dont l'importance est au moins égale à celle des révolutions dont nos aïeux, il y a quatre siècles, furent les témoins effrayés. Il faut que les historiens se préparent à écrire. La matière ne leur manquera point. Il y a présentement des choses qui finissent. Nous ne savons pas au juste ce qui nous attend demain. Mais ce qui s'accomplit aujourd'hui suffit à passionner nos curiosités habituellement accaparées ou détraquées par des spectacles frivoles.

Pendant un long espace de plus de quatre cents ans, la ville de Constantinople a été traitée à la turque. Les églises de l'orthodoxie byzantine ont été ruinées ou converties en mosquées. Quatre minarets dominent la basilique impériale de Sainte-Sophie. L'ambitieuse mosquée du Conquérant s'élève sur les décombres de cette noble église des Saints-Apôtres où l'on avait enseveli en des sarcophages de marbre une longue théorie d'empereurs et d'impératrices. La Croix, pendant

quatre siècles, s'est humiliée devant le Croissant. Tout le trésor de la civilisation antique,
vingt siècles d'hellénisme et de latinité furent
ensevelis au fond des monastères byzantins et
n'ont échappé que par miracle aux razzias de
la barbarie d'Asie.

« Je rends grâces, s'écria Mahomet II en
faisant piaffer son cheval sur le pavé ensan-
glanté de la ville saccagée, je rends grâces à
notre Prophète de nous avoir donné cette belle
victoire ; mais je le prie en même temps de
m'accorder de vivre assez longtemps pour
vaincre et subjuguer l'ancienne Rome qui est le
siège du christianisme. Alors seulement je
mourrai heureux... »

Thomas Parentucelli, ancien évêque de
Bologne, devenu pape sous le nom de Nicolas V, avait fait depuis longtemps à l'empereur
chrétien de Constantinople, quelques vagues
promesses, qui ne furent pas suivies d'effet.
Un archiviste italien, M. Picotti, en consultant
le registre des délibérations du Sénat de Venise,
a récemment démontré que presque tous les

narrateurs de la prise de Constantinople se sont trompés lorsqu'ils ont parlé d'une flotte internationale vénitienne, papale, génoise, aragonaise qui aurait appareillé pour Constantinople, au printemps de l'année 1453 et qui aurait viré de bord en recevant la nouvelle de l'irrémédiable catastrophe. La vérité, c'est que les registres de la Chambre apostolique montrent qu'aucune flotte pontificale n'a été armée avant le mois d'avril. A Gênes, en Aragon, rien de sérieux ne fut tenté en cette année fatale ni par le doge Pietro Fregoso, ni par le roi Alphonse, surnommé le Magnanime, pour le salut des chrétiens d'Orient. Seulement, à la dernière extrémité, et d'une façon excessivement tardive, le pape Nicolas offrit à la Sérénissime République de Venise d'armer aux frais du Saint-Siège cinq galères à peine, sous le commandement du légat Jacopo Venier, archevêque de Raguse et amiral à ses moments perdus. Diverses difficultés financières s'élevèrent entre le légat et les Vénitiens, de telle sorte que cette escadrille était encore ancrée au fond du port de Venise lorsqu'on apprit dans cette ville la prise de Constantinople et la mort héroïque du dernier successeur de l'empereur Théodose. Il n'y avait donc plus rien à faire... Et la déplorable journée du 29 mai 1453 marqua un arrêt dans l'histoire de la civilisation.

Le peintre Benjamin Constant a donné, dans un tableau célèbre, une image émouvante des scènes qui ont répandu la terreur à travers la ville prise d'assaut et livrée pendant plusieurs jours au plus épouvantable pillage. Le sultan Mahomet II, escorté par une tourbe de bourreaux et de bouffons, entre à Stamboul par la porte Dorée. Au-dessus de sa tête enturbannée s'arrondit la voûte de l'arche triomphale. Un esclave nègre tient par la bride le cheval du padischah sanguinaire. Et le hautain cavalier, regardant d'un air dédaigneux et farouche les vaincus, les mourants et les blessés qu'il va fouler aux pieds de sa monture piaffante, semble enivré de sa conquête. Un rouge crépuscule fait à cette vision une auréole de pourpre sanglante. Des bouffées d'orgueil, montant au cerveau de

Mahomet avec l'âcre odeur du carnage, ont troublé la raison de ce conquérant à la fois baroque et terrible. Les historiens d'aujourd'hui ne peuvent attribuer qu'à un véritable accès de folie furieuse, l'horreur des représailles qui furent exercées sur la population de la pauvre ville incendiée. L'ancienne cité de Constantinople disparut presque tout entière dans une subversion brutale. Les voyageurs qui vinrent la voir après la grande catastrophe du 29 mai 1453, cherchaient sa beauté antique, et M. d'Aramon, ne la reconnaissait déjà plus.

On n'aura pas à craindre le recommencement d'une pareille barbarie avec les conquérants prochains du Bosphore et de la Corne d'Or. Les Grecs, en faisant leur entrée triomphale à Salonique, où des acclamations enthousiastes saluèrent la venue du basileus et du diadoque, ont pris soin de proclamer d'abord leur ferme propos de veiller au maintien de l'ordre et à la sécurité des habitants de la Macédoine, sans distinction de culte ni d'origine. Ils ont déjà tenu leur promesse en faisant venir d'Athènes un fort détachement de braves gendarmes crétois, dont la présence autour de l'Olympe sera tout à fait rassurante pour les Macédoniens délivrés.

Pareillement, si l'un ou l'autre des souverains alliés de la Confédération balkanique s'installe, quelque jour, dans la grande nef de Sainte-Sophie sur le trône vacant du césar byzantin, la population turque n'aura rien à redouter de ce prodigieux revirement des choses d'ici-bas... Quoi qu'il arrive, nous sommes assurés que l'année 1912 aura marqué dans l'histoire une date inoubliable. C'est la clôture de toute une époque. Nos arrière-neveux seront interrogés au baccalauréat sur ces événements inouïs et sur ce choc en retour — s'il y a encore, chez les races futures, un baccalauréat.

En détachant d'un carnet de voyage et d'un recueil de souvenirs récents les feuillets qu'on va lire, l'auteur de ce livre croit devoir prévenir loyalement le lecteur, afin d'éviter par avance toute déception et tout malentendu. On ne trouvera point dans ces pages les clichés habi-

tuels que la plupart des voyageurs aux pays
du Levant éprouvent le besoin d'extraire,
comme un étrange bric-à-brac, du répertoire
d'un orientalisme depuis longtemps périmé.
Il y a une certaine turquerie dont je ne suis
point touché, précisément parce que je connais assez bien les Turcs d'Europe et d'Asie.
J'ai vu de près les bons laboureurs d'Anatolie.
J'ai pu apprécier, depuis les rivages de Smyrne
et d'Halicarnasse, jusqu'aux parages lointains
de la Phrygie et de la Cappadoce, tout ce qu'il
y a de cordial et de simple dans leur hospitalité
libéralement ouverte au pèlerin qui passe. Mais
ce que je sais précisément des Turcs ne doit
point me rendre injuste ni aveugle en ce qui
concerne les tragiques problèmes qu'impose,
en ce moment, à la conscience universelle ce
système de despotisme oppresseur et massa-
creur, dont les sinistres méfaits ont donné,
hélas! au nom même de la Turquie, en Asie et
même en Europe, une si inquiétante significa-
tion. N'en déplaise aux esthètes volontiers
décadents que rien n'émeut, hormis les satis-

factions superficielles d'une sensibilité à fleur de peau, et que la polychromie des ciels teintés de safran, de carmin, de pourpre et de sinople par les crépuscules du Bosphore et de la Corne d'Or a rendus sourds aux râles des victimes assommées par les matraques ou égorgées par le coutelas des assassins officiels, je croirais avoir une incomplète vision de l'Orient, si je n'avais aperçu de ce décor que le mirage des rayons bariolés ou la fantasmagorie des ombres multicolores.

Certes, il faut avoir pitié des malheureux nizams et des infortunés rédifs que le gouvernement ottoman expédia en campagne, sans munitions, sans services sanitaires, sans pain, et dont plusieurs milliers, échappés en désordre aux désastres de Kirk-Kilissé et de Lulé-Bourgas, ont achevé de mourir, en proie aux affres du choléra, dans les marécages glacés de Tchorlou et de San-Stéfano. Mais je demande que cette pitié s'étende aux populations chrétiennes qui là-bas, de génération en génération, pendant cinq siècles de tyrannie, de spoliations et de tortures, ont souffert et pleuré jusqu'au jour où la mesure comble et les temps révolus ont enfin marqué l'heure de l'échéance inéluctable. Je veux qu'on n'oublie point que la guerre faite à la Turquie par les compatriotes grecs, bulgares, serbes et monténégrins de l'esclave balkanique ne fut pas une guerre de conquête, mais une guerre de libération. Ne laissons pas l'enfantillage de quelques touristes mal informés ou circonvenus par des agences de propagande mensongère intervertir les rôles dans ce drame séculaire. On ne donnera pas le change à l'opinion publique ni au sentiment des gens de bonne foi qui ne veulent pas être dupes d'un dilettantisme fermé obstinément à toute miséricorde humaine.

En ces derniers temps, quelques écrivains français, plus curieux de vérité que de paradoxe, moins soucieux d'obtenir des succès tapageurs, que de rendre à une cause juste des services désintéressés, sont allés recueillir là-bas, sur les frontières ensanglantées par une longue suite de carnages atroces, les documents dont ils avaient besoin pour faire comprendre aux diplomates la simplicité tragique de la question d'Orient. Les émouvants spectacles qu'ils ont eus sous les yeux au cours de cette enquête pathétique n'ont pas besoin de longs commentaires. Quel caprice de dilettante cruel pourrait être plus décisif et plus concluant que la relation pure et simple des faits constatés là-bas, sur place, par des témoins attentifs et véridiques? En ce gigantesque procès, qui dure depuis plusieurs siècles, et qui s'est plaidé par la voix du canon, sur les champs de bataille de Kirk-Kilissé, de Lulé-Bourgas, de Scutari, de Koumanovo, de Sarantaporos, il faut écouter la plainte des victimes dont les récentes victoires du christianisme oriental ont vengé la querelle, recueillir les doléances de ceux qui, avant cette guerre, furent frappés dans leurs plus chères amours, menacés dans la possession de leurs biens, meurtris par la sauvagerie de leurs bourreaux, et qui traînent maintenant une misérable vie, n'ayant plus que tout juste assez de force pour faire entendre à l'Europe l'imprescriptible protestation de leur droit méconnu et le cri de leur épouvantable agonie.

A moins d'être privé de raison ou de sentiment par la contagion de ce scepticisme imbécile qui oppose à tous les instincts généreux de la nature humaine ses objections brutales, et qui, n'étant pas français, ne saurait être parisien, comment, par exemple, pourrait-on lire sans émotion le témoignage *écrit* de ce jeune homme du bourg de Pitolska, en Macédoine, qui, la langue arrachée, un bras cassé, raconte en une page toute palpitante de désespoir, comment son père, ses sœurs, ses frères furent torturés sous ses yeux par les nizams et finalement brûlés dans les ruines fumantes de leur maison incendiée? Comment se dérober, par indifférence ou par égoïsme, à l'écho des poignantes rancœurs de ces paysans du district de Berana, qui, au mois d'août 1912, dans leurs villages ravagés, ramassaient des cadavres d'enfants affreusement mutilés, et les portaient aux frontières monténégrines, afin d'assurer à ces innocentes victimes une sépulture chrétienne?

C'est de Constantinople que sont partis les ordres sinistres qui ont donné le signal des massacres d'Arménie et de Macédoine. On ne peut éviter l'obsédante hantise de ces funèbres images, lorsqu'on voit sortir des voiles argentés du matin, comme une apparition de rêve, cette cité malheureuse, encadrée d'un paysage merveilleux...

L'arrivée.

Le paquebot glissant sur l'eau miroitante, bleue et verte, saphir, émeraude et turquoise, vient de doubler la pointe du Sérail et s'avance lentement à l'entrée de la Corne d'Or. Les pittoresques passagers du pont, Dalmates, Arnautes, Zinzares, Tosques, Guègues, Mirdites, baragouinant avec volubilité dans tous les dialectes de la langue chkipe, ramassés à toutes les escales de l'Adriatique, depuis Cattaro jusqu'à Vallona, ont arboré leurs vestes les plus galonnées, leurs braies les plus blanches et les mieux soutachées, leurs calottes rouges

les plus éclatantes et tout un arsenal de pistolets damasquinés. Quelques-uns de ces indigènes ont, aux pieds, des mocassins de corde,
très souples et d'une flexible légèreté ; cela fait
penser à de longues courses en montagnes,
dans l'âpreté des roches, à la poursuite du
gibier sauvage, en quête d'une chasse difficile,
ou peut-être de quelque autre aventure, moins
innocente. Mettez donc les bottes de la gendar-
merie au pourchas des grègues de pareils montagnards ! Ils échapperont longtemps à la prise
des administrations régulières, à la sujétion
d'une régie légale...

Comme toujours, notre navire, après la
longue attente de la libre pratique, est assailli
par la foule hurlante des bateliers à faces de
corsaires, parmi lesquels il a de la peine à se
frayer un passage. C'est une scène qui fait
songer aux anciennes pirateries. Cohue, criailleries à tue-tête, vociférations à pleines gorges,
piaillements suraigus, grincements d'avirons
sur les tolets... Je n'ai jamais assisté à cette
prise d'assaut sans songer au vaisseau de l'*Afri_*

caïne et à l'effrayante montée, le long du bord, des sauvages sortis, faces grimaçantes, des pirogues en peau de requin. Si vous n'y mettez bon ordre, vous êtes la proie du drogman juif et du caïkdji grec. Ces prodigieux manieurs d'hommes et de malles ont une façon de vous emballer qui tient du miracle. En un tour de main, vous êtes enlevé, entraîné, bousculé, tiré, poussé, dégringolé sur l'échelle de tribord ou de bâbord, au risque de faire un plongeon dans les flots bleus, et finalement installé bon gré mal gré, à l'arrière d'une barque peinturlurée, pêle-mêle avec vos bagages, parmi des gens que vous ne connaissez pas, en face d'un vigoureux gaillard qui fait force de rames, et d'un mercanti obséquieux qui vous promet *oun boun hôtel*, bon souper, bon gîte et le reste.

Péra... Pavés pointus, terriblement cruels aux semelles minces, escaliers interminables, magasins européens. Chemin de fer funiculaire! Un Français qui ne sait ni le grec ni le turc n'est point trop dépaysé en ce pays levantin : on y parle partout notre langue, avec un léger zézaiement qui a une sorte de charme exotique et de grâce enfantine. Mais, malgré les enseignes parisiennes et l'étalage des plus frivoles romans français et des plus récentes nouveautés montmartroises, l'aspect matériel du lieu ne rappelle point le décor de Paris. Cela fait songer plutôt à certaines villes méditerraréennes, à Gênes, à certains coins de Naples. Je rencontre des soldats de l'armée turque. Malgré l'importation récente du colback d'astrakan, du dolman pincé à la taille, et du pantalon collant, bien peu parmi eux ont l'air dégagé et désinvolte de nos cavaliers d'Occident. La plupart ont gardé la lourde démarche et les formes épaisses de l'Asiatique. Les vêtements étroits du chasseur français ou du hussard hongrois ne conviennent point à leur allure pesante. Ils ne savent pas ajuster à la bélière d'un ceinturon le joli sabre d'acier, au fourreau droit et mince. Ils devraient porter encore les larges culottes bouffantes, les vestes aux manches flottantes, le yatagan recourbé en forme de croissant. En revanche, les officiers allemands au service de la Porte (on sait qu'ils sont très nombreux, venus à la suite de Von der Goltz-Pacha) sont trop strictement sanglés dans leur uniforme, trop étroitement bouclés dans leurs buffleteries. Malgré le fez écarlate qui couronne leur face large et sanguine, ils ont l'air iniformément poméranien.

Au pied de la tour de Galata, dans les environs de la Banque ottomane et de la Poste française, on traverse des ruelles suspectes, d'un caractère singulier et troublant. Le long des gradins abrupts d'une de ces grimpettes mal pavées et visqueuses, dont la vue transporte l'imagination vers les bouges du Transtévère, je remarque, le long de la rue, assises sur des seuils de portes mystérieuses, des femmes en déshabillé, bavardant et fumant. Quelques-unes sont assez belles, d'une carnation riche et souple, avec des formes opulentes sous leurs camisoles lâches, un déhanchement significatif, des yeux de feu, des lèvres très rouges. Plusieurs de ces inquiétantes créatures ont une rose sur l'oreille ou un œillet au coin de la bouche. Leurs faces fardées rient largement, en montrant des rangées de dents blanches. Est-ce déjà l'entrée de ce dangereux paradis de Mahomet que l'industrie des guides artificieux promet à la curiosité naïve des touristes émoustillés d'avance par des mirages de harem?

Un étrange personnage très obséquieux et très impudent, me poursuit de ses sollicitations :

— *Moussiou*, je te mènerai dans le sérail d'un pacha qui est parti pour la guerre. Toutes ses femmes sont là...

— Diable !

Cette simple exclamation, à laquelle je n'attachais point d'importance, et qui n'était nullement préméditée, fit l'effet d'un exorcisme et mit en fuite l'honnête courtier.

Quelques heures passées au Jardin des Petits-Champs ne sont pas trop ennuyeuses. Le Jardin des Petits-Champs est un square municipal qui épanouit sur le versant occidental de la colline de Péra, au-dessus du cimetière

turc de Koudjouck-Mézaristan, ses verdures
arrangées en manière de parc anglais. Le soir,
des lampes électriques, apaisées par des globes
en verre dépoli, brillent ainsi que des grappes de
lunes, dans les bouquets d'arbres. Comme tout
se paie en Turquie, on donne une piastre au
guichet avant de pénétrer dans ce lieu de
délices. On en a pour son argent. Un orchestre
de *musicantis* tziganes joue avec une certaine
justesse des morceaux choisis de *Carmen*. Des
gens sont attablés et causent. Beaucoup ont
des fez : ne les prenez point pour des Turcs; la
plupart sont des Arméniens; ils viennent là
avec leurs filles, de belles enfants au teint mat
et aux yeux de jais, à l'air exotique malgré
leurs toilettes ultra-parisiennes. Les Petits-
Champs sont aussi le rendez-vous des élégants
et des élégantes de Péra et de certaines personnes d'Occident, qu'on appelle encore ici des
« cocottes » récemment abattues sur les rives
de la Corne d'Or. Certaines têtes, furieusement moustachues, sont emprisonnées dans
des faux-cols tellement hauts et tellement durs,

qu'ils ressemblent à des gorgerins de cuirasses. Tout le monde parle français, à l'exception de quelques effendis qui s'obstinent à baragouiner l'argot de Montmartre. Près de moi, un consommateur de sorbets demande à son voisin s'il connaît l'air de *Viens Poupoule*.

Je constate que l'on boit beaucoup de *cocktail*, de whisky vert et de pommery brut chez les mahométans buveurs d'eau.

Je rentre par les ruelles sombres, dérangeant des groupes de chiens occupés à fouiller le ruisseau, apercevant des silhouettes de chevaux tenus en main par des *caterdjis* ensommeillés, entendant vaguement le bâton des *bekdjïs* frapper sur le pavé sonore. De ma chambre, je perçois des échos de conversations en français. Comme on est loin des Turcs, en cette capitale de la Turquie!

Premières impressions.

Décidément la riante Stamboul tient à me faire un accueil mouillé, nébuleux et maussade. Ce matin, à mon réveil, je vois à travers la vitre embuée un lambeau de ciel gris et sale. Le bout de mer lointaine que j'avais l'habitude de voir miroiter est perdu dans des brumes quasi londoniennes. Voilà une journée perdue pour les impressions pittoresques et qu'il faudra consacrer tout entière à l'expédition monotone d'un courrier en retard.

Il y a ici un certain nombre de postes étrangères, savoir les postes anglaise, autrichienne, française et russe. Les pachas turcs sont fort indignés de sentir ainsi chez eux ces établissements dont ils considèrent la présence comme injurieuse pour leur esprit d'ordre et de régularité, — qui l'est en effet, non sans quelque motif. Il est absolument impossible de compter sur la poste ottomane pour l'exacte distribution des correspondances. Pour ma part, je suis édifié; j'ai perdu assez de lettres en ce pays pour ne plus me fier au service nonchalant des bureaux indigènes. On me cite des faits très curieux, sur les fantaisies sublimes de la poste ottomane.. A l'heure de l'arrivée du courrier,

tout le monde accourt au guichet. Pour s'épar-
gner la peine d'un dépouillement méthodique
et d'un classement minutieux, les postiers
osmanlis procèdent de la façon la plus expédi-
tive : on met sous les yeux du premier arrivant un gros paquet de lettres en désordre, en
lui disant : « Cherche là-dedans, s'il y a quelque
chose pour toi. » Ainsi de suite pour le second,
pour le troisième solliciteur et pour tous ceux
qui veulent chercher dans le tas. On imagine
aisément le nombre des correspondances perdues. Mais, enfin, Allah est grand, et puisqu'il
était écrit que ces lettres seraient perdues, il
n'y a rien à dire. N'importe, les ministres du
sultan font tout ce qu'ils peuvent pour se
débarrasser des postes étrangères. Chaque
année, ils menacent de faire fermer *manu militari* ces établissements institués par les giaours,
ils n'y ont pas encore réussi et vraisemblablement ils n'y réussiront jamais.

Il y a ici plusieurs journaux rédigés entiè-
rement en français, la *Gazette médicale d'O-
rient*, la *Liberté*, le *Jeune-Turc*, *Stamboul*.

Le *Journal de la Chambre de Commerce de Constantinople*, donnant des renseignements commerciaux et financiers, est rédigé en français et en turc. Le *Levant-Hérald* et le *Moniteur Oriental* (*The oriental Advertiser*) sont rédigés moitié en français, moitié en anglais; mais la partie anglaise est fort étriquée, réduite presque exclusivement aux informations d'affaires. Il y a huit périodiques arméniens, deux journaux juifs, dont un rédigé en espagnol, sept journaux grecs, un journal persan et un journal bulgare. La presse turque s'est beaucoup développée depuis l'avènement de la Jeune-Turquie. Mais, en dépit des programmes du comité Union et Progrès, la liberté de la presse est une nouveauté dont l'acclimatation est difficile en pays ottoman. Comme on le pense, aucun de ces journaux, ancien ou nouveau, n'a le droit d'exprimer une opinion politique. Ils sont tous, sinon complètement officieux, du moins directement surveillés par la Sublime Porte. Le vizirat est un vaste cabinet de rédaction qui se charge de répandre abondamment les idées saines et de sabrer largement les articles indociles ou frondeurs. La censure parisienne d'autrefois était une personne bien discrète et bien timide, auprès de la gigantesque Anastasie qui surveille, derrière ses énormes lunettes, le mouvement intellectuel de l'empire ottoman. Les censeurs voient tout, soupçonnent tout, et leur ignorance est parfois sans limites. Il y a quelque dix ans, un journaliste, dans un article sur la question bulgare, avait écrit que tout cela finirait en « queue de poisson ». Cette façon de parler peu cérémonieuse inquiète le censeur. Il croit flairer quelque chose d'injurieux et de subversif. Ordre de supprimer cette « queue de poisson ». Certains articles de flatterie envers le gouvernement sont imposés aux journaux. On les envoie tels quels des bureaux officiels. Vous n'imaginez pas les peurs effarouchées du Divan, sa facilité d'émotion, les mortelles angoisses que lui donne une ligne où il croit voir des tendances subversives. La *Divine Comédie* du Dante a été expulsée, par Abd-ul-Hamid, du territoire de l'empire, parce qu'elle était irrévérente pour les religions! On a interdit, vers le même temps, les représentations de la *Mascotte*, parce que le rôle burlesque de Laurent XVII rabaissait la majesté d'un souverain peut-être ami et allié de la Porte ottomane. Le *Manuel d'Histoire* de M. Duruy, pour la classe de troisième, fut à l'index : on y enseignait que les Turcs n'ont pris Constantinople qu'en 1453, comme s'il n'était pas avéré qu'ils y sont établis de toute éternité! Dans la liste des professeurs du lycée impérial de Galata-Séraï, je lis ceci : « Abd-ul-Rhaman-effendi, *Histoire ottomane et histoire de l'Islam.* » J'ai la plus profonde estime pour l'honorable effendi; mais je me demande comment un professeur ottoman peut concilier l'enseignement de l'histoire avec les exigences de la censure. Voici d'ailleurs le règlement qui, pendant longtemps, en Turquie, a limité la liberté de la presse :

ARTICLE PREMIER. — Donner de préférence des nouvelles de la santé précieuse du souverain et de la famille impériale, de l'état des récoltes quand elles sont bonnes, des progrès du commerce et de l'industrie en Turquie.

ART. 2. — Ne publier aucun feuilleton qui n'ait été expressément approuvé, au point de vue de la moralité, par Son Excellence le ministre de l'Instruction publique et gardien des bonnes mœurs.

ART. 3. — Éviter ces mots : « A suivre » ou « La suite à demain », qui provoquent une fâcheuse tension d'esprit.

ART. 4. — Éviter soigneusement les blancs et les lignes de points dans un article, parce que ces procédés autorisent des suppositions fâcheuses et troublent la tranquillité des esprits, comme cela s'est vu en différentes circonstances.

ART. 5. — Éviter avec le plus grand soin toutes personnalités ; et si l'on entend dire que tel gouverneur ou sous-gouverneur a été convaincu de vol, concussion ou assassinat, ou autre action blâmable, tenir le fait pour non prouvé, et le taire soigneusement.

ART. 6. — Défense absolue de reproduire des pétitions des particuliers et des communautés de province se plaignant des abus de l'autorité.

ART. 7. — Il est interdit de signaler les tentatives d'assassinat contre les souverains étrangers, sous quelque forme qu'elles soient produites, ou les manifestations séditieuses qui ont pu avoir lieu dans des pays étrangers ; car il n'est pas bon que ces choses-là soient connues des loyales et paisibles populations turques.

ART. 8. — Il est défendu de mentionner ce règlement dans des colonnes des journaux, parce qu'il pourrait provoquer des critiques ou des observations déplacées de la part de quelques esprits mal faits [1].

On pourrait croire que ce document a été inventé par quelque humoriste. Il est d'une savoureuse authenticité.

Ciel de Byzance.

Ce soir, aux Petits-Champs, quelle minute de contemplation dorée et charmante ! Le soleil descendait, dans le ciel, enflammé d'un large rayonnement de pourpre et tendu comme un baldaquin merveilleux, derrière la silhouette brune de Stamboul. Parmi les toits confondus,

1. M. Paul Demouth, professeur d'histoire, sous-directeur de l'École française d'Andrinople, a publié dans le *Figaro* du 9 décembre 1912, à propos de la récente guerre des Balkans, cette note suggestive : « A Constantinople, les journaux turcs, notamment le *Stamboul* et le *Jeune Turc*, annonçaient de grandes victoires ottomanes sous les murs d'Andrinople. On lisait dans le *Stamboul* :

« *Andrinople, 22 octobre.* — Les troupes impériales ont attaqué à Marach un fort parti bulgare, composé d'environ 30.000 hommes. L'ennemi est en fuite. Nos soldats ont pris sept batteries d'artillerie à tir rapide. »

« J'ai su depuis, ajoute M. Demouth, qu'il en avait été ainsi pendant tout le cours de la guerre. Les journaux turcs n'ont cessé de s'attribuer la victoire. Manœuvre puérile qu'excuse à peine le désir de *gagner du temps* pour préparer l'opinion à l'acceptation de la défaite. »

une mosquée vaguement estompée arrondissait
son dôme et dessinait le profil grêle de ses
minarets sur l'ardeur du couchant. Un nimbe
de clarté auréolait magnifiquement les arches
colossales de l'aqueduc dé Valens. Ce décor
était fantastique, surnaturel. On eût dit une
percée subite sur un monde mystérieux. Plus
bas, au delà des cyprès sombres et du recueillement du Koudjouck-Mézaristan, un coin de la
Corne d'Or miroitait d'un éclat dur, comme
un lac de métal en fusion. Ici l'heure du
crépuscule est une heure ensorcelée. La métamorphose de l'azur dans le ciel vermeil, le
jeu des rayons et des ombres, les teintes
bleues, enluminant les blanches terrasses des
maisons étagées en amphithéâtre, le va-et-vient
des reflets sur le frisson des vagues donnent
des impressions si rapides, si fuyantes, que
l'œil du plus subtil paysagiste éprouve quelque
peine à suivre la mobilité de ces couleurs et de
ces nuances. L'indigo de l'eau marine passe
au smalt, au bleu de cobalt, à la cendre bleue,
au bleu céleste. L'éclairage crépusculaire des

montagnes de la Thrace et de Bithynie fait
affleurer à la surface des pentes forestières ou
des falaises rocheuses l'épanouissement fluide
et furtif de la pourpre vaporeuse, du carmin
alangui, de la mauve pâle et du lilas rosé, jusqu'à ce que la nuit tombante mette fin à cette
délicieuse fantasmagorie en infligeant au décor
assombri les teintes lugubres du plomb, de la
fonte et de la sépia. On voudrait fixer la magie
de cette heure divine par des frottis de pastel ou
par des lavis d'aquarelle. C'est l'heure où la
nature entière s'exalte, se purifie, se spiritualise
dans l'irréalité d'une apothéose illusoire et
sublime. Laissez-moi regarder tout cela que je
ne reverrai plus... Quelqu'un a dit : « Je veux
vivre et mourir les yeux ouverts. »

Aux Iles des Princes.

Journée infiniment douce, lumineuse. Fête
des yeux. A certains moments, ce pays ressemble à un paradis étrange, pénétré d'eni-
vrantes voluptés, exerçant une prise subtile

et insinuante sur tous les sens éveillés à la
fois. Je me suis embarqué sur un de ces nombreux bateaux à vapeur, qui partent à chaque
instant des pontons de Galata, et je suis allé,
sans savoir pourquoi, à l'île de *Prinkipo*. C'est
la plus grande des îles des Princes, dans la
mer de Marmara. Ce petit archipel couleur de
topaze, jeté comme un semis de pierres précieuses, à l'entrée du Bosphore de Thrace, rappelle les plus tragiques histoires de l'empire
byzantin. Combien de porphyrogénètes, chaus-
sés de bottines rouges, furent relégués, par
ordre impérial, dans les monastères ou dans les
ermitages de Prinkipo, de Proti, d'Antigoni,
de Halki, d'Oxia, de Platia, de Pita, de Néan-
dra, d'Anterobinthos! C'était de la politique…
De tout temps, les politiciens ont cherché le
moyen d'éliminer leurs adversaires, de les
« fructidoriser », comme disaient nos ancêtres
de la Convention agonisante. Après tout, ce
lieu de relégation aurait pu être fort acceptable :
la mer de lapis-lazuli, toute brasillante de scin-
tillements d'émeraude, avec des coulées d'or

fluide, la silhouette lointaine des montagnes de Bithynie, la légèreté de l'air, l'incomparable splendeur du ciel, faisaient douce et facile cette déportation princière. Ils auraient pu reprendre goût à la vie en admirant d'une ferveur passionnée la grâce brève du printemps, la merveille des floraisons éphémères, la fragilité du renouveau, le tendre et rapide éclat des jardins épanouis, le bonheur ensoleillé de la terre, magnifiquement indifférente aux misères de l'humanité. Il y a des instants où la mer bleue devient violette comme de l'améthyste, sous la vaste coupole du firmament nacré... Aussi certains empereurs de Byzance prenaient-ils la précaution de faire crever d'abord les yeux à leurs victimes. Ces îles sont au nombre de neuf. Prinkipo est la plus grande. On y raconte encore l'histoire de l'impératrice Irène, veuve de Léon l'Iconoclaste, qui fut régente pendant la minorité de son fils Constantin V, et le détrôna, non sans lui avoir fait crever les yeux avec un sabre rougi au feu, selon la coutume, presque rituelle, qui réglait alors les révolu-

tions de Byzance. Après le concile de Nicée,
cette femme d'État conçut le projet d'épouser
Charlemagne, afin d'unir, par un mariage oppor-
tun, l'Empire d'Orient à l'Empire d'Occident.
Elle ne put réussir en ce dessein. Le grand logo-
thète Nicéphore, devenu empereur, la relégua
d'abord à Prinkipo. L'impératrice Irène mourut
à Lesbos, réduite à filer du lin pour gagner la
maigre pitance de ses derniers jours.

Tandis que les hommes instruits racontent
ces choses horrifiques, la nature souriante ne
garde aucun souvenir de ces sinistres aventures. C'est à peine si de vagues ruines byzantines sortent de terre, misérables et effritées,
pauvres constructions de briques, caduques et
décrépités, vieillottes comme les gens qui les
ont bâties. Seulement, la gaieté de la mer a
réveillé ici la vie et la joie. Les verdures grim-
pent à l'assaut des pentes ; les villas s'épanouissent dans les bouquets d'arbres. Tous les
survivants de Byzance, tous les gens riches de
Péra, viennent s'abriter, comme autrefois,
pendant la saison chaude en cette fraîche re-

traite. Aujourd'hui dimanche, l'affluence des promeneurs est particulièrement nombreuse. Au moment où le bateau à vapeur s'amarre aux pilotis de l'estacade, la messe finit et je puis assister à la sortie de l'église. Je m'installe au café près du débarcadère, et je contemple à loisir les nombreuses beautés de l'endroit, passant en file, leur livre sous le bras. Les belles madames de Péra ne rappellent point la romantique image de la blonde et douce Marguerite, dans l'instant où Faust la vit sortir de l'église de Salzbourg. Leur prestige est victorieux, triomphant, un peu inquiétant. Il y a de l'étrangeté dans leur charme, trop bien calculé. Strictement corsetées, cuirassées dans des robes de couleurs claires ou de nuances tendres, droites comme des soldats sous le harnais, elles se savent belles et ne cachent pas la satisfaction qu'elles éprouvent à jouir de leur triomphante beauté... On sent, surtout ici, que chaque femme se considère comme une œuvre d'art soignée, adorée, faite et parfaite à loisir. Le teint blanc et mat, qui fait ressortir l'éclat

sombre des œillades, est évidemment travaillé
par des préparations savantes, plâtré au blanc
de céruse. Chaque torsade des cheveux de jais
a été longuement méditée et amoureusement
nouée. On devine en tout cela, trop de prémé-
ditation coquette, trop de science provocante
et d'habileté séduisante. Où est le minois de la
petite ménagère française charmante avec rien,
la figure débarbouillée d'eau pure, et adorable-
ment fraîche? Cette troupe de jolies femmes est
un véritable bataillon qui part en conquête.
L'élan de cette élégance fougueuse ressemble
à une déclaration de guerre, à un furieux parti
pris de vaincre la faiblesse du sexe fort. Et puis,
on ne songe pas sans frémir à l'effroyable perte
de temps que suppose un ajustement si compliqué. Apparemment, pour ces belles Pérotes, la
toilette, le souci de briller, voilà l'unique occupation de la vie...

Un de mes amis, poète volontiers romantique et symboliste en ses heures de contemplation extasiée, me dit à ce propos :

— Regardez ces belles personnes. Elles

semblent être l'incarnation de quelque beauté implacable et superbement stérile, jetant ses maléfices sur l'homme faible, avec une calme sécurité et la ferme assurance de vaincre. Ce sont des déesses qu'on ne se figure pas mamans...

— Ah, bah! Sait-on jamais?...

Médise qui voudra de l'introduction, en pays exotique, du confort européen et des commodités parisiennes. Il n'en est pas moins vrai qu'on a plaisir à déjeuner, même à Prinkipo, dans un hôtel bien aménagé, abondamment pourvu de garçons corrects, qui vous offrent du moka, non seulement à la turque, mais aussi à la française. Cela ne m'empêche point d'admirer, du haut de la terrasse fleurie les splendeurs du site lumineux qui s'étale autour de ce reposoir imprévu. Pour peindre cette féerie de couleur et de clarté, pour décrire l'étendue moirée de la mer frissonnante, déployée comme une nappe d'étoffe précieuse, pour dessiner les découpures lointaines de Stamboul, suspendues entre l'eau transparente et le ciel de satin bleu, pour exprimer enfin cette caresse qui vous passe sur les yeux, ce ravissement qui vous épanouit l'âme, ce contentement de toutes choses, cette quiétude contemplative, ce besoin de ne plus rien faire, de regarder simplement la fuite mobile des couleurs et des formes, sans penser à rien, sans s'occuper de lier deux idées, sans nul souci que de voir et de regarder sans cesse, il faudrait posséder un répertoire de mots magiques et des ressources d'expression colorée, dont le langage humain n'est pas capable. On comprend la conception païenne du monde, la fascination des belles lignes et des couleurs éclatantes, la façon simple de prendre la vie, l'absence des rêves indécis et des fantômes indistincts, vaguement éclos dans les brumes du Nord. Ici, la vie intérieure ne peut pas être bien profonde. Quel besoin aurait l'âme de se replier sur elle-même, de songer à la misère de la vie et au néant de toutes choses ? La séduction des réalités vivantes nous appelle ; la grâce prévenante des objets matériels nous invite à la joie et à la sérénité. Et comme on conçoit chez les païens, le regret de la vie, la peur de la nuit, l'horreur du gouffre noir, ouvert au bout de ce paradis, les pleurs des yeux qui vont se clore à ce magnifique éblouissement ! La vie est si aisée, si légère à porter dans les mauvais moments, si bonne à savourer dans les heures de félicité ! Ce sont bien les fils des païens d'autrefois qui ont fait bâtir ces coquettes villas, peuplées de gracieux et insouciants visages. Ils ont moins de finesse, sans doute, plus d'inclination à la vulgarité et aux grosses jouissances que leurs ancêtres d'Athènes ou de Corinthe. Mais leur manière de vivre ne diffère pas sensiblement des habitudes antiques.

Au retour de Prinkipo, le bateau touche à Halki. Cette île est ainsi nommée, dit-on, à cause d'une mine de cuivre anciennement exploitée. Le fait est que Pierre Belon, qui visita le Levant par ordre de François I⁽ᵉʳ⁾, y vit encore des scories de cuivre et de borax. On y a établi en 1860 une École navale ottomane. Mais la population de Halki est surtout grecque. La nation hellénique y possède une grande école théologique, installée en 1844. Un monastère dédié, la *Panagia*, par Jean Paléologue et par sa femme Marie Comnène, fut restauré en 1786 par les soins du prince Ypsilanti.

Un aimable compagnon de voyage m'explique, par un cours de théologie en plein air, sur quels points principaux l'Église grecque orthodoxe se sépare de l'Église catholique. Elle nie que le Saint-Esprit procède à la fois du Père et du Fils, elle admet la communion sous les deux espèces ; dans la liturgie rituelle, certains détails diffèrent des coutumes adoptées par la communauté latine : le Grec, par exemple, fait le signe de la croix de droite à gauche en réunissant le pouce et les deux premiers doigts de la main, de manière à figurer symboliquement la Trinité. On le voit, ce sont là de simples subtilités byzantines. On s'est entre-tué jadis, pour ces différences de geste. Le seul point capital qui sépare le culte orthodoxe du culte romain, c'est la négation de la suprématie du pape. Léon XIII était un trop fin politique pour ne pas sentir tout ce que la chrétienté gagnerait à la réunion des deux Églises. Par son ordre, des négociations furent entamées avec le Patriarcat pour amener une entente cordiale. Elles n'aboutirent à aucun résultat. Il semble cependant que l'on pourrait arriver à s'entendre aisément. Quelqu'un qui est au courant de ces affaires religieuses me dit que les Grecs consentiraient à céder sur les questions de dogme. Mais voici le point délicat : les orthodoxes refusent de reconnaître l'infaillibilité du pontife de Rome. Ils en sont toujours au schisme de Photius. C'est dommage.

Les Grecs, ici comme partout, ont apporté dans la création de leurs établissements d'instruction publique un remarquable esprit d'organisation et de discipline. En dehors de leurs écoles élémentaires qui sont très nombreuses, ils ont fondé la nouvelle école du Phanar, qui a pris la place de l'ancienne école œcuménique du Patriarcat. C'est un véritable lycée français.

Les Grecs d'ici font preuve d'une grande acti-
vité pour les choses intellectuelles. Le Syllogue
littéraire de Constantinople publie des documents, rédige un bulletin périodique, surveille
avec un zèle très louable les nouvelles édi-
tions des auteurs anciens et contribue, comme
l'École évangélique de Smyrne, à la propagande pacifique et lente de l'hellénisme. Cela
est fort bien. Mais à côté de ces symptômes
heureux, la colonie grecque de Byzance n'est
pas exempte de quelques légers défauts, dont
elle se corrigera quand elle voudra.

Les Grecs de Constantinople sont trop ban-
quiers, pas assez industriels. Ils brassent trop
l'argent, et ne fabriquent pas assez. Cette inclination à faire travailler les piastres sur elles-
mêmes sans produire d'objets de consomma-
tion, risque de devenir pour eux un principe de
stérilité et une cause de faiblesse. Ce défaut,
d'ailleurs, est commun aux races multiples qui
donnent à Constantinople un aspect si bigarré
et si cosmopolite. Les banques ici sont nombreuses et les usines rares. Aucun des objets

dont on se sert journellement n'est fabriqué sur place. Les étoffes viennent d'Angleterre et d'Allemagne. Les fez sont importés de Vienne! La manufacture de fez militaires établie à Defterdar-Iskelessi, au fond de la Corne d'Or, près du faubourg d'Eïvan-Séraï, l'ancien quartier byzantin des Blakhernes, ne suffit pas aux besoins de l'armée ottomane. La France envoie ici des chapeaux pour dames, de coquettes fanfreluches et de mignons objets d'ajustement, tout ce qui exige du goût et un tour de main. Ici, comme partout, nous exportons nos frivolités et nos élégances.

On me dit d'ailleurs des choses inquiétantes au sujet de l'influence française dans ce pays. Notre langue garde encore sa vieille suprématie; mais elle est vivement et méthodiquement attaquée. L'influence allemande, encouragée tour à tour par la Vieille-Turquie et par les Jeunes-Turcs, peut nous faire beaucoup de tort. Grâce à la présence d'une mission militaire allemande et d'une colonie allemande très nombreuse et très unie, le germanisme

menace de s'étendre au delà des rives du Bosphore et de la Corne d'Or.

L'Alliance française a souvent signalé ce
danger. Il faut, de toute nécessité, que la
France subventionne dans le Levant des écoles
et des maîtres. Nous ne manquons pas de
diplômés sans emploi, et de gens désireux de
voir l'Orient. Quelques sequins, consacrés à
leur payer le voyage, ne seraient pas de l'argent perdu. Pourquoi le ministre de l'Instruction publique ne ferait-il pas appeler quelque
jeune lauréat, recommandé par des qualités sérieuses, et ne lui tiendrait-il pas à peu près ce
langage : « Mon ami, je vous garantis pour
deux ou trois ans une subvention modeste,
mais capable de vous soutenir contre les mauvaises chances de la vie. Allez faire un tour sur
les rives du Bosphore. Emplissez-vous les
yeux de couleur et de lumière ; mais surtout
donnez des leçons, enseignez dans les écoles.
Livrez aux jeunes Levantins les secrets de notre
grammaire et les mystères de notre orthographe.
Ne revenez pas avant d'avoir délié la langue à

beaucoup de petits Grecs, de petits Arméniens, de petits Turcs et de petits Juifs. » Certaines gens, — et non des moins avisés, — sont persuadés que M. de Bismarck ne dédaignait pas de haranguer ainsi plusieurs Hermanns candides, récemment sortis du séminaire, et qui promènent aujourd'hui dans la grande rue de Péra, leurs barbes grisonnantes et leurs respectables lunettes d'or...

Pendant que je faisais ces réflexions, le bateau glissait sur l'eau caressante et câline. Le soleil déclinait, ses rayons obliques faisaient briller des splendeurs d'argent et d'or aux verrières en ogives du kiosque de Bagdad, à travers l'ombre des cyprès. Le Vieux-Sérail souriait encore. Stamboul, peu à peu envahie par l'ombre, « mettait lentement son yachmak ». Les feux obliques du ciel crépusculaire allumaient des braises d'incendie aux vitres des fenêtres lointaines. On voyait des paillettes scintillantes danser à la pointe des vagues, sur les eaux merveilleuses du golfe envermeillé

par les dernières clartés du jour. Les eaux,
dans l'enchantement du soir, semblaient égrener des colliers de pierres précieuses. La mer
laquée, ocellée d'acier bleu et de cuivre rose,
avait ces tons métalliques qu'elle prend à
l'heure indécise du couchant. Kadi-Keui resplendissait. En face de moi, deux dames arméniennes très élégantes, chapeautées à la mode
de Paris, les mains gantées de chevreau clair,
causaient dans leur langue bizarre et nostalgique, aux syllabes chantantes et mystérieuses.
Leurs yeux de diamant noir étincelaient sous
leurs voilettes ; et leurs sourcils, harmonieusement arqués, semblaient dessinés au pinceau.

Pourquoi ai-je pensé, en ce moment même,
au sultan Selim qui, des balcons ajourés de
son kiosque impérial, fit jeter, en une seule
matinée, vingt esclaves arméniennes à la mer ?

A Péra.

Le voyageur Pierre Belon, qui vint ici par
ordre du roi François Ier, et qui a laissé un

livre *d'Observations de plusieurs singularités trouvées en Grèce, Asie, etc.*, disait en son vieux langage : « Avant de parler de Constantinople, nous a semblé bon écrire premièrement de la ville de Péra, qui est à part soi séparée de Constantinople, du travers d'un canal comme sont plusieurs autres villes que nous voyons être vis-à-vis l'une de l'autre au rivage de quelque rivière ; comme pourrait être la cité de Carcassonne, Beaucaire et Tarascon ; tellement que pour aller de Constantinople en Péra, il faut passer le pont. C'est de là qu'elle a pris son nom, car *Péra* n'est à dire autre chose que *oultre* ou *de là*. Elle est située en pendant, dessus une colline... »

La grande rue de Péra est considérée comme la plus européenne de toutes les rues de Constantinople. Les gens du lieu en sont très fiers. Il faut rabattre un peu de leur enthousiasme. Excepté à son extrémité septentrionale, où elle s'élargit et s'aplanit, c'est une âpre montée dure aux piétons, presque impraticable aux cavaliers. Je n'en énumère pas les

3.

obstacles de toute nature et les inconvénients de toutes sortes : les gamins qui se poursuivent, les gens qui vous heurtent, les *hammals* ou portefaix, porteurs de planches dont le moindre coup vous briserait la tête, les chevaux qui vous frôlent de leurs ébrouements ou de leurs ruades. Comptez encore les chiens, qui ont pris possession de la rue, s'y installent comme chez eux, dorment au soleil, nonchalamment couchés, et sans prendre le moins du monde le souci de se déranger, vaquent à leurs diverses occupations. Ces chiens de Constantinople, avec leur poil fauve, leur museau pointu et leurs oreilles droites, sont vraiment curieux à étudier. Ils sont organisés en république fédérale. Ils se sont partagé les quartiers et les villes. Gare à l'imprudent animal qui se hasarderait dans une communauté étrangère ! Un chien d'Eyoub, qui se risquerait à Péra, sera immédiatement entouré, saisi, déchiré, dévoré... [1]

1. Un des premiers soins du gouvernement Jeune-Turc, en arrivant au pouvoir, fut de procéder à l'extermination

Les échelons de la rue de Péra sont bordés de magasins à l'européenne et « à l'instar de Paris ». Des faux-cols, des manchettes, des paletots soigneusement pliés, des bronzes d'art, des parfumeries, des pancartes indiquant des prix prétendus fixes, s'étalent derrière les larges vitrines. A l'exception de certains objets de parure, venus de Paris, tout cela sent un peu la pacotille. Les mêmes splendeurs reluisent dans les magasins illuminés de lampes électriques, à Milan, cours Victor-Emmanuel, à Naples, rue Chiaia. En dépit des enseignes françaises, on retrouve un peu trop ici la fabrication hâtive, vulgaire, et à bon marché des manufactures anglaises ou la camelote des bazars allemands. Les belles dames du quartier franc viennent s'y approvisionner. Les *hanoums* turques elles-mêmes sortent du harem

de ces chiens. On les transporta dans une des îles où l'on reléguait autrefois les princes byzantins. Ces malheureux animaux furent ainsi condamnés à mourir de faim. Beaucoup d'entre eux, avant de mourir, s'entre-dévorèrent... Malgré cette importante réforme de la Jeune-Turquie, l'auteur n'a pas cru devoir effacer de ses notes une impression inséparable de sa première vision de Constantinople.

pour venir acheter dans ces caravansérails,
dépourvus de pittoresque, les objets fabriqués
à la grosse par l'industrie des giaours. Elles
arrivent généralement en voiture, installées
dans des coupés ou des calèches, et aussi ba-
vardes que les gentilles acheteuses du Bon
Marché et du Louvre. Je préfère ces dernières.
Je crois qu'il ne faut pas se faire trop d'illu-
sions au sujet des femmes turques. Ce qu'on
dérobe avec tant de soin à notre vue doit la
moitié de son prix à notre imagination. Oh!
les lourdes chevilles, entrevues parfois sur le
marchepied, à la descente du coupé ! Je vous
en prie, n'allez pas affronter la colère des
pachas jaloux, des mamelouks sauvages et
des eunuques féroces, pour telle ou telle de
ces pauvres petites captives, emmaillotées
d'étoffes soyeuses !

Il est toujours amusant, en pays étranger,
de regarder la vitrine des libraires, et de noter
les titres des livres français qu'elles contien-
nent dans leur assortiment. Cela donne l'étiage

du goût étranger ; le choix que l'on fait de nos livres est souvent curieux à observer : ce ne sont certes pas les meilleurs qui passent les frontières. On dirait que nous gardons les bons pour nous et que le reste est spécialement une littérature d'exportation. Notre bourgeoisie ignore assurément bien des grivoiseries qu'on lit avidement à cette heure dans quelque boudoir de Péra, où dans mainte alcôve de Stamboul. Nos ouvrages les plus risqués semblent constituer la principale distraction intellectuelle dans le Levant. Ces livres lestes, sautent par-dessus les lignes douanières. Les diableries de nos plus notoires pornographes, figurent actuellement dans les principales librairies de Constantinople. Les Allemands se chargent d'ailleurs de fabriquer à bon compte, pour l'exportation cet « article de Paris ».

Les cafés sont nombreux, rue de Péra. Il y en a de différentes sortes, et rien n'est plus suggestifs, que de les étudier successivement. Il y a le café moitié turc, moitié grec, avec ses cuivres bien fourbis, ses narghilés rangés en bataille, ses verres à facettes, ses petites tasses pleines d'un café crémeux, son cafedji empressé, majestueux et grave. Il y a la brasserie allemande : bière, jambon, consommateurs à barbe blonde, échos de conversations gutturales et d'éclats de rires teutoniques. Il y a le café parisien, rappelant à notre nostalgie les « terrasses » du boulevard Montmartre : mazagran à la franque, dans de grands verres, garçons corrects et glabres, et, sur de minces rouleaux, le *Temps*, le *Figaro*, les *Débats*.

Le défilé des gens, dans la rue n'est pas moins divertissant. De petites Grecques, aux yeux étincelants, en toilettes fraîches, tenant dans leurs mains finement gantées des ombrelles claires, coudoient des Arméniennes et des Juives. Quelques chapeaux hauts de forme contrastent désagréablement par leur tristesse, avec l'éclat des fez, rouges comme des coquelicots.

Au bas de la rue, du côté des ruisseaux fétides de Galata, on entrevoit, çà et là, dans

la série des logis neufs, récemment crépis, un
bout de mur génois, croulant de vétusté,
mangé de mousse, envahi par l'encombrement
des maçonneries nouvelles. Sur le toit en terrasse des maisons grecques, on voit des femmes
qui étendent le linge récemment lessivé. Une
chapelle anglicane, d'un style prétentieuse-
ment gothique, surgit là comme un anachro-
nisme. Plus haut, les lourds palais des ambassades s'étendent carrément au milieu des
maisons basses qu'ils dépassent et dominent
de leurs toitures hautaines. Enfin, dans la partie
large de la rue, près de la place du Taxim, les
façades blanches des maisons riches ont un
bel éclat de fête, avec leurs larges fenêtres
où apparaît parfois une jolie tête brune, sous
la pourpre des rideaux rouges. Sur la place,
autour de la fontaine où le jet d'eau babille,
des *caterdjis* (loueurs de chevaux) tiennent
leurs bêtes en main. D'un côté de la place,
une construction turque allonge de petits
bulbes pointus qui ressemblent à des flammes.
De l'autre, voici l'église grecque de la Sainte-

Trinité. Elle est neuve. Cette église blanche n'a pas encore reçu la patine que donne une vénérable vétusté; elle n'a pas le prestige des monuments qui viennent des temps lointains et qui nous racontent la vie des générations disparues. Mais elle ne manque pas d'une certaine grâce coquette, avec ses fenestrages ajourés d'une broderie de dentelles. J'entre dans le narthex; impossible d'aller plus loin. Une grille me barre le passage. Mais à travers cette grille du sanctuaire, j'aperçois l'autel multicolore, où les cierges scintillent comme des étoiles, les images révérées, les piliers, à travers lesquels la lumière tombe à larges flots sur les dalles en mosaïque... Chose étrange, cette église toute neuve, un peu banale, me reporte plus loin dans le passé, que les mosquées turques les plus anciennes. Elle me parle du *culte byzantin*; *elle m'indique vaguement* l'ornementation intérieure de Sainte-Sophie, la profusion des vases sacrés, des cierges flamboyants, des saintes *images*. *Elle évoque les* cérémonies séculaires de ce culte qui consiste

surtout en pratiques extérieures et en magnificences matérielles, chapes brodées d'or, cortèges de prêtres, musique triomphale des
orgues, senteurs de l'encens. Ce culte reviendra-
t-il en vainqueur sur les rives du Bosphore?
Cette église de la Trinité est-elle la sentinelle
avancée d'une chrétienté qui reprendra possession de la cité impériale? Tous ces problèmes s'imposent avec une rigueur inquiétante. On ne se sent pas ici au milieu d'une
société bien assise, sur un sol ferme, en
face d'un avenir bien assuré. La cité impériale du *césar* byzantin sera-t-elle bientôt la
capitale d'un tsar ou d'un nouveau *basileus?*

Un réseau de ruelles enchevêtrées monte à
l'assaut de la colline de Péra. Ce sont d'âpres
montées, pavées en escalier, avec des pierres
petites et luisantes. Les saletés les plus pitto-
resques miroitent dans le ruisseau. On glisse
sur les aspérités de ce cailloutis. Des colpor-
teurs montent péniblement ou dévalent d'un
pas alerte le long des salites. Les uns portent

sur la tête un grand plateau garni de « dou-
ceurs » multicolores, loukoums, sucreries,
pâtes. D'autres camelots levantins vendent
des ustensiles de cuivre pour faire le café
turc. Du côté de l'hôpital français, il y a
beaucoup de rôtisseries et de buvettes arméniennes. Le patron, accoudé à sa fenêtre, lit
attentivement le journal de sa nation, quelque
mystérieux grimoire. Dans le fond, des gens
sont attablés, la plupart portent des habits européens et le fez rouge. Quelques-uns ont des
accoutrements plus rustiques, moins vulgaires.
Les maisons sont mystérieusement fermées.
Les *moucharabiehs* sont munis d'une grille de
fer renflée en bas, pour permettre aux yeux curieux de plonger dans la rue. On entrevoit, à
travers ces barreaux de cage, des scènes d'intérieur, des groupes de femmes en camisoles
blanches et aux cheveux très noirs. Des lam-
beaux de phrases grecques vous arrivent aux
oreilles. Toutes ces maisons sont munies à
l'étage supérieur, d'une loggia en saillie.
C'est une sorte de guérite extérieure, prolon-

geant au dehors la vie domestique et per-
mettant d'assister commodément au spectacle
du dehors. Par endroits, des terrains vagues,
peuplés de chiens, interrompent le zigzag des
bâtisses. Parfois en débouchant d'un carrefour,
dans une échappée, on voit le fond de la Corne
d'Or, le miroitement de l'eau, les verdures
moutonnantes de Stamboul. A mesure qu'on
descend vers le port, les constructions sont
moins solides. Là, de malheureuses cases de
bois, toutes décrépites, ont l'air de mourir de
vieillesse. Mais rien, dans ce quartier grec et
arménien, ne fait songer à la Turquie. Si l'on
n'apercevait pas au delà du golfe, la pointe
innombrable des minarets blancs, parmi les
cyprès noirs, on aurait peine à croire que l'on
se trouve dans la capitale de l'Islam, et à deux
pas du Commandeur des Croyants.

Sur le Grand-Pont.

Je me suis amusé, sur le pont de Galata, à regarder simplement les gens qui passaient. Le

cri des bêtes et la diversité des gens font penser, en ce lieu, à l'arche de Noé et à la tour de
Babel. C'est un spectacle toujours nouveau.
Sur ce pont, toujours grondant d'un roulement continu de véhicules légers ou lourds,
une houle désordonnée de population emporte
dans le va-et-vient de ses remous fourmillants
une bousculade de boucaniers attirés en ce lieu
par l'attrait de la flibuste licite et de la piraterie permise. J'étais assis dans un café turc,
qu'un *cafedgi* philosophe avait installé de guinguois sur les pilotis vermoulus d'un ancien
pont, et où des gens somnolaient en fumant le
narghilé. De ce café, ouvert à tous les vents, la
vue s'étendait à la fois sur la Pointe du Sérail
et Scutari, sur la place de Balouk-Bazar et la
mosquée de la Validé, sur l'escale de Top-
Hané, sur les terrasses de Galata, dominées
par la haute tour génoise, où veillent jour et
nuit les *thouloumbadgis* chargés d'annoncer
les incendies qui s'allument souvent dans cette
ville de bois aisément combustible.

Sur la place de Balouk-Bazar (marché aux

poissons) derrière la rangée des caïques alignés qui attendaient le long de la petite plage sablonneuse, autour des voitures fatiguées et des attelages poussifs, sous les dentelures des feuillages diaprés de rayons et d'ombres, c'était un étrange fourmillement de gens aux costumes variés, se croisant dans une confusion incessante, s'interpellant d'un bout de la place à l'autre. Et, de cette mêlée remuante sortait une sourde rumeur de langages divers... Sur le pont le défilé n'était pas moins bariolé. Khodjas en turban blanc et caftan brun, officiers en pèlerines à capuchon, femmes enveloppées de soie, tout cela formait un cortège infiniment riche en aspects versicolores.

Sur les rives fleuries du Bosphore et de la Corne d'Or va et vient une population extraordinairement bariolée, multicolore, ondoyante, diverse, amusante, cocasse, où les redingotes noires du triste Occident voisinent avec les vestes roses de l'Orient vermeil, et où les chapeaux hauts de forme, vulgairement appelés « tuyaux de poêle », servent de repoussoirs à

des turbans verts comme des choux, à des fez
rouges comme des coquelicots, à des bonnets
persans pointus comme des pains de sucre.
Quelques historiens, particulièrement attentifs
au chapitre des chapeaux, se sont demandé
pourquoi et comment un peuple qui, autrefois
du moins, passait sa vie à cheval, a pu adop-
ter l'usage d'une coiffure lourde, haute et
chaude, telle que le turban.

Ce pays, semblable aux féeries des *Mille et
une Nuits*, on croit·le connaître parce qu'on
a lu mille et une descriptions de bazars, de
mosquées, de sérails, sans compter l'inévitable
peinture des derviches qui dansent en rond ou
qui hurlent en cadence, au rythme chevrotant
de la *zourna*...

On connaît mal ces contrées mystérieuses.
La plupart de ceux qui en parlent ne les ont
pas vues ou ne les ont visitées qu'en passant.
Il faudrait en décrire à fond la vie si pittoresque, si complexe, si dramatique sous son
aspect ensommeillé. L'histoire de l'Orient au
Moyen âge est à peu près inconnue. Il y a là

des trous, du noir pendant des siècles et des siècles. Et pourtant l'on distingue, dans cette ombre, des mouvements de peuples, des conflits de civilisations et de races, des chevauchées de conquérants, des piétinements de pèlerins, un va-et-vient d'escadrons et de caravanes, l'extraordinaire trafic des bazars, la fermentation des passions religieuses, les stupeurs et les épouvantes, et, malgré ce tumulte de surface, un fonds permanent de résignation fataliste, *de patience assoupie, la recherche du bonheur par les voluptés tranquilles du sommeil et du rêve.* Qui donc nous expliquera l'Orient?

Les femmes turques, masquées comme pour un bal fantastique et dolent, ont un attrait mystérieux de fantômes, un charme qui tient, sans nul doute, au soin qu'elles mettent à cacher leur beauté. On ne voit guère que le bout de leurs doigts et leurs ongles teints en jaune par la poudre du henné. Elles ont des effarouchements de gazelles, sous les grands *féredjés* de soie qui les enveloppent d'un frou-

frou d'étoffe souple et lâche. Parfois elles mettent un certain art à rajeunir un peu cette mante surannée. J'en ai vu qui savaient indiquer discrètement de jolis contours avec un art savant qui ferait frémir les Vieux-Turcs. Au-dessus du yachmak soigneusement plissé, et d'une blancheur éblouissante, les yeux noirs, fendus en amande, avivés de khôl et d'antimoine, mis en valeur par les grands sourcils noirs, ont un lointain et attirant prestige. La chute du yachmak serait peut-être une désillusion.

Dans ce concert de couleurs joyeuses, dans cette symphonie orientale de nuances éclatantes, les Européens, les Francs en paletots noirs ou gris, mettent une note triste et sévère. N'importe. Regarder ce pont pendant une heure seulement, c'est se donner la jouissance de voir défiler devant soi les races les plus variées, les types de beauté les plus opposés, les genres de costumes les plus surprenants. Et au delà de ce chatoiement de couleurs, pardelà le bruit des pas pressés et le murmure des

conversations incessantes, on s'amuse à regarder un fond de paysage compliqué et bizarre :
la mosquée d'Achmet, avec sa multitude de
dômes et la haute silhouette de ses minarets
minces, la rangée des maisons groupées le long
du quai de la darse, le lacis des mâts et des cor-
dages enchevêtrant leurs mailles embrouillées,
sur l'entassement des bâtisses plus éloignées...

On se tourne un peu et le spectacle change :
c'est le grand port de commerce avec ses
paquebots énormes. Il y en a de toutes les
nations et de toutes les couleurs. Autour des
hauts bastingages fourmille une multitude
affairée de petites embarcations : caïques effilés,
fendant l'eau par souques rapides, comme de
vrais poissons ; charbonniers tout noirs, voiliers
aux ailes blanches, félouques et mahonnes,
petits vapeurs de Thérapia et de Bouyouk-
Déré. Aux arrière-plans, dans la brume du
matin, Scutari et son troupeau de maisons
serrées escaladent les pentes du mont Boul-
gourlou. A gauche, Péra et ses hôtelleries
banales. A droite, la pointe du Sérail, avec

ses beaux arbres, la basilique chrétienne de Sainte-Sophie, affligée de quatre minarets turcs qui ressemblent à quatre cierges veillant autour d'un grand catafalque, au milieu de la ville en deuil.

Au Phanar.

Le Phanar est le faubourg qu'habitait l'ancienne aristocratie byzantine. La légende veut que ce quartier ait été ainsi nommé parce qu'il fut, pendant les longs loisirs d'un blocus, au temps des premiers empereurs, fortifié à la lueur des lanternes. En grec, lanterne se dit en effet, φανάρι. Cette étymologie ne me paraît pas bien concluante. J'en laisse la responsabilité à des philologues plus savants que moi. Je trouve plus naturel de penser que ce quartier fut appelé ainsi à cause d'une grosse lanterne paisible et permanente. De même, à Boston, *Beacon Street*... Toujours est-il qu'après la prise de Constantinople par les Turcs, beaucoup de familles grecques se groupèrent dans

ce quartier autour de l'église patriarcale. Longtemps ce faubourg fut le centre de la nation
hellénique. Récemment encore, les évêques et
archevêques, résidant à Constantinople pour
assister aux séances régulières du Saint-
Synode, y tenaient maison et menaient large
vie, en compagnie d'un fort séduisant bataillon
de sœurs, de belles-sœurs et de nièces, ce qui
faisait dire plaisamment au poète Alexandre
Soutzos, homme d'esprit : « Est-ce que toutes
les nièces d'évêques sont jolies ? Ou bien est-ce
que toutes les jolies jeunes filles sont nièces
d'évêques ? » Mais, depuis les récents incendies
qui ont brûlé comme paille les légères maisons de bois, du Moyen âge byzantin, beaucoup
de familles grecques ont émigré vers les hau-
teurs de Péra.

Les rues du Phanar sont désertes et re-
cueillies. Les pignons des logis de bois
s'avancent en saillie sur la rue. Quelques maisons de pierre, très vieilles, restes de l'ancienne
cité byzantine, sont encore debout. Derrière
les vitrages, au coin d'un rideau discrètement

relevé, des jeunes filles et des femmes sont assises, travaillent. Quelques-unes sont très jolies. Elles sourient volontiers, avec une coquetterie gracieuse, gaie et innocente.

Le long de la rue, au rez-de-chaussée, on voit surtout des boutiques de *bakals* (épiciers), voici des cafés munis de tout ce qu'il faut pour coiffer et raser ; car, en Turquie, tout cafedji est en même temps barbier. La rue est silencieuse. Dans tout ce paysage calme, on sent la présence du Vatican oriental, du Patriarcat œcuménique. Il est là, en effet, près de la succursale du Saint-Sépulcre, et dominé par les constructions rouges de la grande école nationale du Phanar.

Dans la cour du Patriarcat, des prêtres causent. Le hasard veut que j'assiste à un enterrement orthodoxe. Trois petits enfants de chœur, parés de longues étoles rayées de jaune et de rouge, portent la croix et les ornements sacrés. On va chercher la morte à son humble logis, dans une petite ruelle montante. Le groupe des prêtres en habits sacerdotaux, avec leurs belles barbes soyeuses, leur air fin et doux, me donne, d'une manière saisissante, l'impression de l'époque byzantine. Ces gens ont l'air d'avoir vu Justinien et d'avoir parlé à Tribonien en personne. Le cortège descend. En tête, on porte, selon la coutume grecque, le couvercle de la bière, noire, avec des ferrures d'argent. Les prêtres viennent ensuite. Un évêque marche, étincelant d'ornements dorés, couvert d'un manteau violet, qu'un caudataire soutient. A la porte de l'église, on donne un cierge à ceux qui entrent. J'en prends un comme les autres. Au milieu de la nef, on dépose le cercueil. La pauvre morte est couchée dans son lit funèbre, à découvert. Le visage pâli a des tons de cire. Au delà du scintillement des lustres de verre à facettes, l'iconostase étincelle avec le bariolement infini des saintes images : bienheureux en extase, flagellations, personnages célestes en des attitudes orantes, angelots tendant leurs mains fluettes avec des gestes gauches et résignés. La flamme des cierges constelle de points d'or l'émail des icones. L'évêque prend place, son sceptre à la main, sur le trône pontifical, et *l'acolouthie* commence. La voix des chantres nasille un peu. Mais l'évêque psalmodie, avec de belles intonations douces et graves. Il tient un faisceau de trois cierges noués ensemble pour symboliser la Sainte-Trinité, et le secoue sur l'assistance. Les prêtres défilent un à un devant le cercueil, et bénissent la défunte. Puis, quand tout est fini, les parents viennent embrasser le visage pâle et glacé et pleurent à chaudes larmes. Cela est profondément touchant. Je ne connaissais pas ces pauvres affligés, et voilà que je me sens ému de leur douleur.

Les bureaux du Patriarcat sont bien simples et modestes. Le palais de la Sainte-Trinité ne rappelle en rien les splendeurs du Vatican. Voici un secrétaire du Saint-Synode : figure douce et fine de prélat byzantin, encadrée par une barbe noire, soyeuse et clairsemée. Ses gestes sont onctueux et ecclésiastiques, dans l'ampleur de sa robe noire de pappas. Au reste ce jeune pappas a fait son droit à Paris, est licencié et se souvient du boulevard Saint-Michel. Il ne dédaigne pas de prendre un verre de raki avec moi, sans cérémonie, dans un joli café qui domine le débarcadère du Phanar. Nous causons du quartier latin et des distractions que le futur secrétaire du Saint-Synode y a trouvées quelquefois.

Aghia Sophia.

Je me suis arrêté devant Sainte-Sophie. J'ai regardé longtemps l'énorme masse. Vraiment cet entassement de constructions surajoutées, cette confusion de murs et de contreforts, cette superposition de l'art turc à l'art byzantin, me touchent moins que l'auguste simplicité, la grâce limpide, la force disciplinée du Parthénon, noblement exempt de toute emphase et de tout excès. Au reste, dans ce somptueux édifice, tout était sacrifié à la splendeur du dedans. Le temple grec, de dimensions restreintes, demeure exclusive du Dieu, reliquaire de l'idole divine, devait nécessairement plaire

aux yeux par ses formes extérieures. La basilique chrétienne, lieu d'assemblée pour les
fidèles, sacrifia longtemps la figure extérieure
à la magnificence d'un décor à la fois intime
et vaste. L'empereur Justinien, en bâtissant
Sainte-Sophie, a voulu laisser à ses descendants un monument éternel de sa puissance et
de sa gloire. Pour contribuer au triomphe de
l'église nouvelle, il voulut que le vieux monde
envoyât à Constantinople, comme un suprême
tribut, toutes les dépouilles du paganisme. Les
sénateurs d'Éphèse, sur l'ordre du préteur
Constantin, expédièrent huit colonnes de brèche
verte, prises au temple d'Artémis. On fit venir
de Rome huit colonnes enlevées par l'empereur Aurélien au temple du Soleil parmi les
ruines d'Héliopolis. Athènes, Délos, Cyzique,
l'Égypte furent obligées de fournir une profusion de marbres et de porphyres. Deux architectes grecs, Anthémios de Tralles et Isidore
de Milet, furent chargés de la direction des tra-
vaux de Sainte-Sophie. Mais des légendes se
formèrent, dès le début de ce labeur colossal,

sur les commencements de l'œuvre. On disait
que l'empereur Justinien avait reçu d'un ange
le plan mystérieux de la basilique et les richesses
nécessaires pour en poursuivre la réalisation.

L'empereur Justinien avait conçu cette entreprise inouïe, gigantesque : l'achèvement de l'idée
impériale par l'idée chrétienne. Visiblement, le
souvenir de Jérusalem et de Salomon le han-
tait. Il avait résolu d'unir le génie de Rome
au génie de l'Orient. Ce que l'empereur voulait
c'est que le pèlerin, en entrant dans l'église,
fût terrassé d'éblouissement, muet d'extase.
Otez l'attirail turc, les nattes de paille où les
fidèles se prosternent, le *mihrab* médiocre, le
member où le khodja prêche d'une voix aiguë,
surtout les disques verts, œuvres du célèbre
calligraphe Bitchakjizadèh-Moustapha-tchélébi,
auteur des fioritures de ce grimoire superflu.
Imaginez l'étonnante profusion des vases précieux, des candélabres, des croix d'or massif,
les vingt-quatre évangéliaires, dont chacun
pesait deux quintaux, l'autel étincelant d'or,
d'argent, de perles, de diamants, irradié d'une

rayonnante diaprure de pierreries, portant le
ciborium dont les colonnes d'or et les arcs
d'argent soutenaient une coupole d'or; repré-
sentez-vous les peintures murales, les revête-
ments d'onyx et de nacre, le pavement multicolore, le cortège des chérubins, des Vertus
et des Trônes, s'étalant en processions sur les
parois du temple; ajoutez, dans l'enceinte du
sanctuaire, l'ambon qui, à lui seul, coûta, une
année des revenus du diocèse d'Égypte, le
trône du patriarche, chapelain de l'Empire, les
sièges des sept archiprêtres, les reliquaires et
les encensoirs. Ajoutez à cette prodigalité de
magnificence architecturale et décorative, l'étin-
cellement des lustres, le luxe des chasubles,
des étoles et des dalmatiques, le flamboiement
des vitraux d'où la lumière tombe sur les dalles
en splendeurs de rubis, d'améthystes et d'émeraudes, et mettez, par-dessus tout cela, dans
les gloires d'or de la coupole étoilée, autour
de l'image démesurée du grand Christ byzantin, le chœur des élus, l'apparition des saints,
des séraphins et des anges, qui semble, à la

hauteur où le fidèle le regarde, la vision radieuse d'un monde surnaturel. Et vous aurez l'image de la féerie merveilleuse qui s'offrit aux yeux des contemporains de Justinien, lorsque l'empereur des Romains d'Orient s'écria, contemplant son œuvre, tandis que l'Hosanna s'élevait au ciel dans la clameur des voix et dans le chant triomphal des orgues et des harpes : « Gloire à Dieu, qui m'a jugé digne d'accomplir une belle œuvre. O Salomon, je t'ai vaincu ! »

Dante, qui a vécu les derniers temps de sa vie à Ravenne, près de cette mémorable mosaïque de Saint-Vital où l'on voit encore l'image du grand empereur bâtisseur d'églises, prolongeait dans les vastes perspectives de son poème les reflets de l'illumination mystique de Sainte-Sophie, lorsqu'il écrivait la fameuse terzine :

> *Cesare fui, e son Giustiniano...*
> *A Dio per grazia piacque di spirarmi*
> *L'alto lavoro...*

« J'ai été César et je suis Justinien... Il a plu à Dieu de m'inspirer dans ma grande œuvre. »

Autour de Sainte-Sophie.

L'impératrice Théodora, encensée par les poètes officiels de la cour byzantine, quasiment canonisée par le clergé de l'Empire, a pu pendant longtemps reposer en paix dans la crypte des Saints-Apôtres, où son auguste époux la fit ensevelir, et qu'elle avait aménagée elle-même, avec un soin délicat, pour y dormir son dernier sommeil.

L'encens des louanges posthumes continua, pendant plusieurs siècles, de voiler d'une fumée décente les origines et les débuts de la pauvre fille qui fut figurante et mime dans les théâtres de Constantinople, avant de monter au trône de ce Palais-Sacré dont les sultans ont fait leur Vieux-Sérail.

Elle était la digne épouse de ce grand Justinien que les retentissantes flatteries des historiens ont proclamé très bon et très grand, supérieur à Thémistocle par le succès des armes, à Cyrus par la sagesse de l'administration, continuateur des césars de Rome, vainqueur des Barbares, restaurateur du droit, champion de l'orthodoxie, bâtisseur d'églises, rédacteur de codes, sauveur de l'empire et protecteur de la chrétienté.

Jean, évêque d'Éphèse, avait surnommé Théodora l' « Impératrice fidèle », l' « Impératrice qui aime le Christ », la « Reine suscitée par Dieu pour défendre les affligés contre la rigueur des temps ».

Un autre Jean, surnommé Malalas, ou le Rhéteur, composa une histoire universelle où sont louées « toutes les bonnes actions » de la « pieuse Théodora ».

Les poètes byzantins ont fait bravement leur partie dans ce concert d'adulations. Paul le Silentiaire, en sa description de Sainte-Sophie, se hausse au ton du lyrisme le plus éperdu, pour célébrer les mérites de la basilissa. L'éloge de Théodora était devenu un genre littéraire où l'on vit exceller, successivement ou en même temps, Julien l'Égyptien, Constantin de Rhodes et Léonce le Scolastique.

Un certain Corippus, gratte-papier à la question du Palais-Sacré, scanda des vers latins en l'honneur de Théodora.

Mais voici que survint la saison inclémente où la faveur de la postérité cessa de sourire à l'impératrice lointaine.

Son sarcophage, dans les cryptes des Saints-Apôtres, fut détruit par les Turcs qui dégradèrent la basilique et en firent, naturellement, une mosquée. Et sa mémoire embaumée dans les rouleaux de parchemin où les scribes officiels avaient calligraphié avec un grand luxe de fioritures le témoignage de leur servilité, fut soudain déshabillée par la curiosité d'un bibliothécaire fureteur.

C'était en 1623. Un prêtre d'origine grecque, Nicolas Alemanni, exerçait les fonctions de premier bibliothécaire du Vatican. Il étudiait par ordre (*jussus*) les manuscrits confiés à sa garde, afin d'y trouver des textes dont la publication pourrait être utile à la propagande de la bonne doctrine et à la vraie défense de la foi. Son attention se fixa spécialement sur les

documents relatifs au règne de Justinien et de
Théodora. Il savait que ces deux souverains
avaient engagé une lutte mémorable contre le
Saint-Siège. N'est-ce pas Théodora qui accabla
de menaces le pontife romain Agapet (*minis
exagitavit Agapetum, romanum pontificem*)?
N'est-ce pas elle qui fit arrêter *manu militari*,
déposer, exiler ce malheureux pape Silvère,
qui mourut misérablement dans une île de la
mer Tyrrhénienne, réduit « au pain de la tri-
bulation et à l'eau de l'angoisse » ? Et quand,
à la place du pape détrôné, cette femme éner-
gique eut installé le nonce Vigile, dévoué à la
politique impériale, ne l'a-t-on pas vue se tourner contre ce même Vigile, insuffisamment
souple, retenir ce pape prisonnier dans la capitale de l'Empire, envoyer des soldats pour le
saisir sur les marches de l'autel?... Quelle
scène de désolation attrista l'âme des fidèles,
lorsque les policiers du Palais envahirent la
basilique de Saint-Pierre-d'Hormisda et tâchè-
rent de s'emparer du pontife récalcitrant, qui
se cramponnait aux piliers du sanctuaire !...

Le pape Vigile s'enfuit de Constantinople et se réfugia dans l'église de Sainte-Euphémie, à Chalcédoine, de l'autre côté du Bosphore. Là, on entreprit encore de l'arrêter. Mais, comme ce saint-père résistait efficacement aux actes du pouvoir temporel, une négociation fut habilement menée pour avoir raison de sa puissance spirituelle. Le pape Vigile, isolé, fatigué, céda enfin aux exigences du Palais et consentit à incliner sa dignité sacerdotale devant une théologie qu'il considérait *in petto*, comme hérétique... Il ne put cependant retourner à Rome. Il mourut à Syracuse, le 5 juin 555. Son successeur, Pélage, non moins habile diplomate que pontife courageux, secoua le joug de l'impérialisme byzantin, construisit des églises sur les ruines des temples abandonnés, institua les pompes rituelles au lieu des fêtes et des triomphes d'autrefois, devint le maître de Rome et le directeur de conscience du monde chrétien. C'est ainsi que naquit, pour un antagonisme séculaire, la double puissance de l'Empire et de la Papauté.

Dans cette lutte pour la primauté universelle, le génie autoritaire et la manie théologique de Théodora furent pendant longtemps un obstacle invincible. L'Église n'a pas oublié le péril byzantin. Il faut évoquer ces souvenirs si l'on veut comprendre, rétrospectivement, les raisons profondes des invectives que le révérendissime cardinal Baronius, en son latin courroucé, dirigea contre Théodora. Ce prélat perdait tout son sang-froid dès qu'il pensait à cette impératrice. Voici, par exemple, une page de ses *Annales ecclésiastiques :*

« Femme très méchante (*pessima femina*)!...

» Ève nouvelle, trop docile au serpent !...

» Dalila !...

» Hérodiade, assoiffée du sang des hommes les plus saints !...

» Femelle enragée ! C'est plutôt aux enfers à lui donner un nom, celui que la fable a infligé aux *Furies !* C'est Alecto qu'il faut l'appeler ! C'est Mégère ! C'est Tisiphone nourrie par les démons, agitée de l'esprit satanique, piquée de la mouche du diable, ennemie de la concorde, adversaire de cette paix qui fut achetée par le sang des martyrs et engendrée par la sueur des confesseurs ! »

Hélas ! Le pauvre cardinal Baronius est mort trop tôt pour connaître la prétendue *Histoire secrète* de Procope.

J'ai eu sous les yeux la preuve que le bibliothécaire Alemanni songeait à ces invectives, lorsqu'il compulsait, à la bibliothèque du Vatican, les historiens de Théodora.

Ces historiens sont nombreux et généralement favorables à la mémoire de l'impératrice.

Parmi ces bienveillants historiens, Procope tenait, jusqu'à l'année 1623, le premier rang. On connaissait de lui un *Récit des guerres de Justinien*, en huit livres et un *Traité des édifices*. Procope, natif de Césarée, en Palestine, avait commencé par être professeur de rhétorique à Constantinople. Lorsque le stratège Bélisaire prit le commandement des armées impériales pour guerroyer en Perse, Procope servit dans l'état-major en qualité de « parèdre », c'est-à-dire de commissaire civil, adjoint au général en chef. On ne sait pas au juste en quoi consistaient ces fonctions. Mais il est certain qu'elles étaient importantes. Procope accompagna l'état-major de Bélisaire dans les mémorables campagnes d'Afrique, de Sicile, d'Italie. Il obtint officiellement, sous l'empereur Anastase, le titre d' « illustre », de nobilissime, et devint, plus tard, préfet de Constantinople. Ce haut fonctionnaire était tout désigné pour rédiger le panégyrique du régime dont il avait si largement profité. L'illustre Procope n'a pas manqué à ce devoir. Son *Traité des édifices*, notamment est une interminable série de flagorneries à l'adresse de Justinien et de Théodora. Sous le prétexte de décrire Sainte-Sophie, l'église de Sainte-Irène, les chapelles de Sainte-Anne et de Sainte-Zoé, le reliquaire des Quarante-Soldats, les hôpitaux, les asiles, les forteresses de l'empire, il vante les vertus et les mérites de ses maîtres, qui ont consacré tant de peines et de soins à des fondations pieuses et à des établissements charitables. La piété de l'impératrice est louée, dans ce livre, avec une insistance très significative et une consciencieuse recherche de vocables flatteurs.

Or, en tournant et en retournant les manuscrits de Procope, le curieux bibliothécaire Alemanni tomba sur une page, en haut de laquelle on pouvait lire ce mot : *Anecdota*. C'est-à-dire « Choses inédites ». Quel est l'archiviste qui n'est pas friand de nouveautés graveleuses ? Les yeux du docte Alemanni pétillèrent sous ses lunettes. Il se souvint d'un commérage du grammairien Suidas, rapportant que Procope, après avoir publié son panégyrique de l'empereur et de l'impératrice, avait écrit une palinodie clandestine. Il se reporta au grimoire de Suidas, qui est ainsi conçu :

« L'illustre Procope de Césarée en Palestine, rhéteur et sophiste, a écrit une *Histoire romaine*, c'est-à-dire les guerres de Bélisaire, les affaires de Rome et d'Afrique. Il fut, sous l'empereur Justinien, secrétaire de Bélisaire, suivit ce général dans toutes ses campagnes et assista aux événements qu'il raconte. Il écrivit aussi un autre livre, intitulé *Anecdotes...* Cet ouvrage contient des brocards et des moqueries non seulement contre Justinien et sa femme Théodora, mais aussi contre Bélisaire et sa femme Antonine. »

Ainsi le même personnage qui avait prodigué allègrement, en l'honneur de Justinien et du stratège Bélisaire, toutes les figures de sa rhétorique et toutes les virtuosités de sa sophistique, se serait dédommagé, platement, par la préparation sournoise d'un dossier secret. Le bon bibliothécaire Alemanni ne semble pas avoir vu ce qu'il y a de répugnant dans cette posture de domestique mécontent et calomniateur. Il ne remarqua même pas que le libelle ordurier qu'il avait entre les mains n'était point signé du nom de Procope ! Tout entier à sa trouvaille, le nez plongé dans ce fatras inédit, il se réjouissait de son aubaine et savourait le plaisir d'avoir enfin découvert un argument terrible contre l'hérétique Théodora. Alemanni s'occupa aussitôt de publier l'œuvre du diffamateur anonyme sous le masque duquel il

avait cru voir le visage correct du fonctionnaire Procope, et dédia la première édition de
l'*Histoire secrète* à l'illustrissime et révérendissime cardinal Louis Ludovisi, camérier de
Sa Sainteté. L'épître dédicatoire de Nicolas
Alemanni, écrite en un latin tout enjolivé de
fioritures, me paraît un monument de naïveté.
L'excellent bibliothécaire déclare que jusqu'alors il n'avait pas compris comment un
prince tel que Justinien, réputé pour sa droiture
et pour sa piété, avait pu se laisser aller, dans
ses conflits avec le Saint-Siège, à des extré-
mités si regrettables. Mais, puisqu'on sait
maintenant par les racontars de l'*Histoire
secrète* que Justinien et sa femme avaient une
conduite abominable, tout s'explique...

J'ai eu la patience de lire jusqu'au bout
l'*Histoire secrète*. Lorsqu'on n'apporte point
de passion ni d'intérêt dans cette affaire, il est
impossible d'aller jusqu'à la fin de cette lecture sans un haut-le-cœur. L'*Histoire secrète*
est bien la plus rebutante immondice qu'on ait
jamais dénichée dans les arcanes où se ca-

chent les bouquins honteux. C'est bête. C'est sale. Et l'auteur de cette ignominie, qu'il soit Procope ou non, est assurément le plus sot polisson que l'on puisse imaginer.

La niaiserie de ce Tacite-Jocrisse est incommensurable. Veuillez considérer quelques-unes de ses phrases que j'ai soulignées, çà et là :

« L'empereur Justinien n'était qu'un lourdaud, un âne bâté qui obéissait à la bride, en remuant les oreilles.

» Justinien n'a pas été un homme mais un démon à face humaine... Dieu en haine de ce prince retira la protection qu'il avait conservée à l'empire romain.

» Justinien résolut de détruire l'honneur des avocats...

» Il a contrefait la signature des tabellions...

» Il fit en sorte que les médecins et les professeurs de belles-lettres fussent réduits aux plus dures nécessités de la vie. Car il supprima toutes les pensions que les empereurs précédents avaient attachées à l'exercice de ces professions.

» Il a établi sur les boulangers un impôt extrêmement dur...

» Les mauvaises actions de Justinien sont si nombreuses que je n'aurais jamais assez de temps pour en parler.

» Justinien voulait donner aux Barbares les richesses des Romains...

» Quant à Théodora, le cœur de cette femme n'était disposé qu'à la destruction de l'humanité... »

Et c'est d'après ce document suspect, saugrenu, invraisemblable, que les historiens ont la prétention de juger ou de peindre une femme évidemment supérieure, qui fut unie au plus sobre, au plus laborieux, au moins sensuel des empereurs d'Orient et qui, légitime épouse d'un prince législateur et conquérant, fut associée pendant vingt ans au maniement des grandes affaires et à la politique « mondiale » de l'Empire !

C'est sur une pièce unique, dénuée d'authenticité, singulièrement tardive, irrecevable

en bonne justice que l'on veut instituer le procès de l'impératrice Théodora !

De deux choses l'une. Ou c'est le préfet
Procope qui a écrit l'*Histoire secrète*, ou ce
n'est pas lui. Si c'est lui, le témoin discrédite
son propre témoignage par ses flagrantes con-
tradictions. Si ce n'est pas lui, quelle valeur
peut-on attribuer à un papier anonyme ?

L'histoire est indulgente pour Catherine II
qui, née dans une honnête famille allemande,
afficha sur le trône un sans-gêne d'écuyère.
Pourquoi prodiguerait-elle ses rigueurs à la
pauvre fille du théâtre, à l' « enfant de la balle »,
qui, jetée par le sort dans la promiscuité des
coulisses, sut tenir son rang au plus haut
sommet de la grandeur humaine, s'adaptant aux
exigences du rôle impérial par une affectation
de tenue et de protocole où se marquait le souvenir douloureux de son ancienne condition ?

Le mariage de Théodora ne fut pas une
innovation dans la famille de Justinien. Les
fondateurs de cette dynastie étaient coutumiers de ces sortes d'alliances imprévues. Ces

rudes montagnards de Macédoine, qui étaient venus à la ville sans savoir qu'ils avaient un sceptre dans leur besace, méprisèrent souverainement l'aristocratie de Constantinople. Ils ne croyaient pas, apparemment qu'on trouvât plus de vertu dans les palais des patriciennes que dans le bazar des esclaves. Ce diadème impérial, si convoité, mendié de toutes parts, ils se plurent à en ceindre des fronts habituellement humiliés. L'autocrate Justinien Auguste, en la maturité de son âge, arrivé à ce moment de la vie où l'on est préservé des folies par la possession de soi-même et par le commencement de la désillusion, dédaigna les partis avantageux que lui offraient, à l'envi, les familles consulaires de Byzance. Il choisit une fille très humble. Il la releva d'une déchéance dont elle n'était pas responsable. Il en fit la compagne de ses entreprises, la confidente de ses pensées. Il la fit asseoir à sa droite dans des splendeurs d'apothéose, et l'imposa au respect de l'univers entier. Ce geste, après tout, n'est pas vilain.

Très haut, par-dessus les têtes de la noblesse prosternée, des cubiculaires et des comtes palatins agenouillés, des logothètes et des protospathaires couchés à plat ventre, de tous ces puissants qui ne retrouvaient leur fierté que devant les petits et les faibles, le couple impérial a dû savourer sans mesure la volupté du mépris.

Et maintenant, si l'on consulte les imposants recueils de jurisprudence auxquels Justinien eut la gloire d'attacher son nom, et dont l'architecture domine si majestueusement l'édifice du Droit, on est surpris de sentir, sous ces textes d'allure impersonnelle, la palpitation d'un cœur de femme qui a subi l'empreinte d'un servage inoublié.

« Défense d'exhiber sur les planches d'un théâtre une esclave ou une affranchie non consentante... Quiconque aura tenté de retenir une femme dans un établissement de ce genre, en lui faisant contracter des dettes, sera puni d'une amende de dix livres d'or... » Et ainsi de suite.

L'un des mieux renseignés d'entre les biographes de Théodora note qu'en l'an 535 l'empereur se félicitait publiquement de la collaboration législative de l'impératrice. Or, c'est précisément de cette année que date l'admirable *Novelle 15, De Lenonibus*.

En légiférant ainsi contre un odieux trafic, en essayant de guérir une plaie qui empoisonne les sociétés, en s'efforçant de préserver les pauvres filles qui sont guettées par un affreux péril, et de racheter les malheureuses femmes qui sont tombées au fond de l'enfer social, la grande impératrice d'Orient, l'*Augusta* toute-puissante se souvenait des maux qu'elle avait soufferts. Et, comme elle savait le latin, elle pouvait dire, comme la reine de Carthage :

Non ignara mali, miseris succurrere disco.

Autour du Vieux-Sérail.

On voudrait suivre, aux perspectives des siècles lointains, la longue série des impératrices qui ont régné, souffert, aimé, haï dans

les profondeurs mystérieuses de ce Palais-
Sacré, où le gynécée fut parfois inquiétant
comme un harem.

Aujourd'hui, c'est vous, Agnès de France,
fille de notre roi Louis le Jeune et de la reine
Adèle de Champagne, petite poupée d'Occident prématurément exilée au milieu des
orages du drame oriental, c'est vous que j'aime
à suivre sur la route périlleuse qui vous mène
aux étapes de votre étrange destinée. Comment avez-vous fait, si menue et si frêle, pour
franchir sans peur l'énorme distance qui sé-
parait Constantinople de votre Paris natal? A
peine aviez-vous commencé d'aimer les rives
flexibles de la Seine, le palais de la Cité,
l'église cathédrale de Notre-Dame, l'abbaye
royale de Saint-Denis, le manoir neuf de Fon-
tainebleau, que déjà il vous fallait quitter les
lys du royaume de France pour habiter, aux
bords du Bosphore et de la Corne d'Or, sous
un ciel éblouissant, parmi des fleurs rares et
merveilleuses, les palais formidables des empereurs romains d'Orient. Peut-être avez-vous

regretté dans cette féerie la douceur de l'Ile-
de-France, la grâce avenante des paysages de
chez nous, l'aspect guerrier des châteaux-forts
qui protégeaient nos vallées et la figure paisible des bons clochers dont la voix prolongeait, aux échos des campagnes familières,
l'appel de l'angelus... Sœur de Philippe-
Auguste, vous étiez une enfant de huit ans,
lorsqu'un haut et puissant vassal du royaume
de France, Philippe d'Alsace comte de Flandre,
qui revenait d'un pèlerinage au Saint-Sépulcre,
vous offrit, comme un jouet rapporté de son
lointain voyage, la couronne d'impératrice
des Romains. Ce seigneur, en passant à
Constantinople, avait reçu de l'empereur
Manuel Ier Comnène la mission de négocier
les fiançailles du prince héritier de l'empire
avec une princesse française. Le pape
Alexandre III, soutenu par l'empereur d'Orient
contre les prétentions de Frédéric Barbe-
rousse, était favorable à ce projet.

L'empereur d'Orient Manuel Ier Comnène
était un souverain épris de toutes les grâces

occidentales. Des deux femmes qu'il avait successivement épousées, l'une était allemande et
s'appelait Berthe de Sulzbach ; l'autre était la
fille d'un des seigneurs français de la Syrie
latine et se nommait Marie, princesse d'Antioche. Celle-ci fut d'une si rare beauté qu'un
historien n'hésite pas à la surnommer la
« merveille de l'Orient latin ». En cela, cet
historien est d'accord avec les chroniqueurs de
Byzance. « Oh! qu'elle était belle! dit un de
ces chroniqueurs. Elle était plus que belle,
belle à tel point et d'une si resplendissante
beauté, que sa gloire a dépassé tout ce qu'on a
pu dire d'Aphrodite au doux sourire et aux
cheveux dorés, de Héra aux bras blancs et aux
grands yeux, d'Hélène au col souple et aux
pieds charmants, et de toutes les belles dames
que l'antiquité a mises, pour leur beauté insigne, au rang des déesses. » Lorsque Marie
d'Antioche apparut le jour de ses noces, dans
la tribune impériale, afin d'assister au tournoi
donné en son honneur, tous les patriciens et
les simples citoyens de Byzance, émus d'un

enthousiasme unanime, tournèrent vers la
nouvelle impératrice leurs visages émerveillés,
et un chœur innombrable de voix, dominant le
bruit des applaudissements, acclama cette
beauté véritablement souveraine.

Je ne sais pas si Agnès de France fut aussi
belle que Marie d'Antioche. Le vieux Nicétas,
archevêque d'Athènes, qui a rédigé vingt et
un livres d'histoire et un « Trésor d'Orthodoxie », affirme qu'en son adolescence elle
avait des « doigts de rose » et que son haleine
« exhalait les parfums de l'amour... »

Comme la France, au temps de Louis le
Jeune, n'avait quasiment point de marine
royale, c'est une flottille de dromons, démar-
rée du port de Gênes, qui convoya jusqu'à la
capitale de l'empereur Manuel le vaisseau où
s'en allait la petite Parisienne exilée. L'exil
d'abord lui sembla doux. Byzance était l'endroit du monde où l'on s'amusait le plus.
C'était une cité remplie de chanteurs, de musiciens, de danseurs et de mimes. Les théâtres
y jouaient nuit et jour, et l'appréciation des

comédies nouvelles était la seule occupation sérieuse à laquelle les Byzantins fussent capables de se livrer. A Byzance, on vivait gaiement, sans apparence de souci. On évitait de songer aux catastrophes imminentes, parce qu'on les sentait toutes proches. Il y avait, à Byzance, des politiciens étonnants, des cabotins admirables, des cuistres exquis et des pédants délicieusement pervers.

Quelle différence avec cette austère cour de France, où les visages étaient si graves, les paroles si mesurées, les gestes si décents et si discrets ! Là-bas, entre les quatre murs d'un palais qui était gardé comme une forteresse, révéré comme un couvent et redouté comme un tribunal, on ne voyait que des magistrats intègres, des prêtres croyants, des soldats fidèles, des damoiseaux gentils, des damoiselles chastes, des époux exemplaires et des épouses parfaites. Le roi, étant l'objet de tous les respects, s'efforçait naturellement d'être le modèle de toutes les vertus. Le premier ministre, monseigneur Suger, abbé de Saint-

Denis, était un homme simple et sobre, un administrateur laborieux, qui couchait sur la paille, s'abstenait de vin et de viande et collectionnait les œuvres d'art uniquement pour enrichir les monuments publics et le trésor de l'État. Agnès de France, dans son nouvel empire, devait connaître la plaisante humeur des ministres fêtards, l'impayable drôlerie des pontifes noceurs, la fantaisie imprévue d'un aréopage en goguette, un concile en escapade, une aristocratie en délire, toute une nation en décadence. Étant si jeune, la petite princesse déracinée trouva peut-être que tout cela était très amusant.

Son fiancé, le petit Alexis, prince impérial, était âgé de onze ans. Ces deux enfants étaient jolis à voir, lorsqu'ils figuraient, se tenant par la main, dans les cérémonies officielles. Mais comment pouvaient-ils supporter le faix des dignités qui pesaient sur leur fragile destinée ? C'était bien lourd, hélas ! tout ce qu'on leur mettait sur la tête, sur les épaules et dans les mains ! La couronne à cabochons qui fut le

couvre-chef de Justinien, le diadème à pendeloques qui a chargé le front étroit de Théodora, les broderies du manteau impérial, tout
raide et scintillant d'or, d'argent, de perles
et de pierres précieuses, le sceptre, emblème
de la justice, le globe, symbole du monde,
quel fardeau pour cet empereur en raccourci,
pour cette impératrice en miniature, pour ces
pauvres petits fiancés, qui, à eux deux, avaient
tout juste vingt ans !...

Cette idylle enfantine dura ce que durent
les roses quand le vent du Nord souffle sur les
jardins de l'Orient. Seuls tous deux, en 1180,
après la mort prématurée de l'empereur Manuel, isolés sur le premier trône de l'univers
comme sur un sommet exposé à toutes les
tempêtes, ils furent épouvantés par leur solitude. Nul appui, nul recours. L'impératrice-
mère Marie d'Antioche, tutrice légale de ces
deux enfants, était une jeune femme trop séduisante et trop coquette pour s'occuper efficacement des affaires de l'État. (Je ne sais pas
pourquoi Marie d'Antioche me fait penser à

Marie-Antoinette.) Elle commit, par simple légèreté, de graves imprudences. Son amabilité, ses caprices, son goût de la conversation mondaine, les caprices de sa fantaisie sentimentale, son inclination à fleureter avec les galants seigneurs de la cour, toutes les qualités qui auraient pu faire de Marie d'Antioche, dans la vie privée, une femme très heureuse, ont précipité aux pires infortunes cette impératrice malheureuse. Comme la reine Marie-Antoinette, elle fut surnommée « l'Étrangère » par le même peuple qui naguère encore accueillait à grands cris de joie sa beauté, sa bonne grâce et sa triomphante jeunesse. Un de ses cousins germains, Andronic Comnène, duc de Belgrade et de Branitzova, voyant dans ces conjonctures le moyen de conquérir le pouvoir, cultiva soigneusement cette impopularité.

Andronic avait alors soixante ans. Ce n'est pas d'ordinaire l'âge où l'on entreprend des révolutions politiques. Mais Andronic Comnène était un personnage exceptionnel. Ses aventures seraient dignes d'être contées par un

Nietzsche romancier. Car il était à sa façon un
« surhomme ». Il mena une vie exaspérée ; et
s'il réalisa tardivement son rêve de domination
universelle, il s'efforça du moins d'en épuiser
furieusement toutes les sombres délices. César
Borgia, Malatesta, Don Juan et M. de Camors
reconnaîtraient leur parenté dans les traits de
ce viveur élégant et terrible. Il fut, au temps
de sa jeunesse, l'arbitre de la mode et l'oracle
du goût. Ayant eu un jour la fantaisie d'adop-
ter un chapeau pointu et une chlamyde violette, il prit plaisir à voir, le lendemain, tous
les jeunes gens de Constantinople en chlamyde
violette et chapeau pointu. Habile à tous les
sports, il étonna par ses exploits équestres
tous les jockeys de l'Hippodrome. Professeur
d'énergie, il émerveilla par ses réussites, à la
chasse et à la guerre, ses amis et ses ennemis. Dilettante raffiné, il aimait les bibelots
rares ; nul n'était plus ardent à rechercher ni
plus prompt à reconnaître les faïences de
Rhodes, les marbres de Paros, les soies de
Syrie, les tapisseries de Perse, les aciers de

Damas, les verreries de Venise. Sa collection d'ivoires ciselés, de grès flammés, de gemmes gravées et de pierres précieuses serties d'or où d'argent, était célèbre dans le monde des amateurs. Andronic fréquentait les ateliers des peintres et des sculpteurs. Bibliophile délicat, il estimait les parchemins coloriés d'azur, de pourpre et de sinople par la calligraphie des copistes et des enlumineurs. Assidu aux premières représentations des théâtres et aux « vernissages » des expositions artistiques, il ne négligeait pas les divertissements des grammairiens. Il s'amusait à disserter sur l'existence d'Homère avec le philologue Tzetzès, qu'il appelait familièrement Zizi. Dans l'intervalle de ces récréations, il donnait son temps aux nombreuses maîtresses que son humeur volage attirait et congédiait tour à tour. Plein d'esprit, tout à fait dépourvu de sens moral, il brillait par cette absence de cœur que l'on remarque si souvent chez les hommes à bonnes fortunes. Sa belle cousine Eudoxie Comnène, la princesse Philippa d'Antioche, puis la jeune reine de Jérusalem Théodora, et beaucoup d'autres, dont la liste serait trop longue, furent les amantes d'Andronic le Mauvais Sujet. Tel était l'homme qui en 1180, déjà parvenu au seuil de la vieillesse, ayant long-temps attendu le terme de ses ambitions, trouva l'occasion de s'emparer d'un pouvoir qui était mal défendu par les mains débiles d'une jeune veuve et de deux enfants.

L'impatience quasi « nietzschéenne » de dominer le troupeau des simples mortels, un furieux désir de vengeance, l'appétit d'une sensation nouvelle et suprême, et d'autres passions dont quelques-unes étaient déjà séniles, eurent une part égale dans l'effroyable avènement de cet Andronic qui, avant d'être usurpateur, fut traître, conspirateur et parjure. Il avait déjà commandé en Cilicie contre les Arméniens, en Esclavonie contre les Hongrois, intriguant partout contre l'empereur son maître, qui lui avait confié ces commandements. Il aspirait maintenant à gouverner contre tout le monde ; car c'était surtout un homme d'oppo-

sition. Nulle entreprise ne lui semblait inté-
ressante si elle n'était contraire à toutes les
lois divines et humaines. Sa fougue de révolte
et quelques tentatives d'assassinat ou de vol
lui avaient valu, sous le règne de l'empereur
défunt, plusieurs années de bastille, les fers
aux pieds. On lui avait laissé la vie sauve en
raison de son cousinage avec l'empereur. Il
s'était évadé, comme Latude. Finalement,
amnistié, pourvu même d'un pachalick sur la
mer Noire, il méditait tout de même une épouvantable vendetta. Sous le coup des passions
dévastatrices dont son âme était agitée, il a
manqué l'occasion qui s'offrait à lui d'imposer
à ses contemporains et à la postérité l'oubli de
ses fredaines et l'absolution de ses méfaits. Il
pouvait s'assagir, déjà blanchi par l'âge, négliger ses ressentiments personnels, proclamer
une amnistie dont il eût été le premier à bé-
néficier, protéger de sa tutelle un pouvoir
tombé en quenouille, apparaître, lui, l'homme
fort, comme le sauveur du grand empire et du
petit empereur.

« Lorsqu'une déplorable faiblesse, a dit Napoléon, se manifeste dans les conseils du pouvoir ; lorsque, cédant tour à tour à l'influence des partis contraires, et vivant au jour le jour, sans plan fixe ni marche assurée, il a donné la mesure de son insuffisance, et que les citoyens les plus modérés sont forcés de convenir que l'État n'est plus gouverné, lorsqu'enfin, à sa nullité au dedans, l'administration joint le tort le plus grave qu'elle puisse avoir aux yeux d'un peuple fier, je veux dire l'avilissement au dehors, alors une inquiétude vague se répand dans la société ; le besoin de sa conservation l'agite et, promenant sur elle-même ses regards, elle semble chercher un homme qui puisse la sauver. »

Faute de mieux, les Byzantins en désarroi tournèrent leurs regards, d'un mouvement unanime, vers Andronic. C'est l'erreur des nations désemparées de croire que l'on peut restaurer l'ordre avec des hommes de désordre, et que l'on peut faire de la bonne politique sans droiture, sans courage et sans bonté. La

6.

politique d'Andronic consista tout d'abord à prendre des airs de bon apôtre. Cet anarchiste très distingué se donna comme l'ennemi personnel de l'anarchie, et prononça de beaux discours en l'honneur du principe d'autorité. Ce prince décadent parla de revenir à l'austérité des anciennes mœurs. Il composa des traités de théologie. On le vit se rendre au tombeau de l'empereur Manuel, dans l'église des Saints-Apôtres, qui s'appelle aujourd'hui la mosquée de Mahomet le Conquérant, près du grand bazar, — s'agenouiller sur le dallage de mosaïque et verser ostensiblement des larmes abondantes, — des larmes de crocodile, car intérieurement il disait : « Toi que je tiens, maintenant, tu es là, sous la pierre du sépulcre. Tu ne sortiras pas de ce caveau. Et moi, je vais assouvir sur ta race toute la haine que je t'ai vouée. Ta femme, ta fille, ton gendre, ton fils, ta belle-fille sont à moi ! »

Pauvre Marie d'Antioche ! Pauvre Alexis Comnène ! Pauvre Agnès de France ! Un homme de proie les guette, mais c'est aussi un homme de théâtre qui excelle dans tous les rôles. Il est supérieur, notamment dans le rôle de libérateur. Sous prétexte qu'il veut soustraire l'impératrice Marie à des influences funestes, il fait arrêter un important personnage de la cour, le « protosébaste » Alexis, et ordonne, sans autre forme de procès, qu'on lui crève les yeux. Puis, afin de satisfaire la populace de Byzance par une opération de police bien byzantine, il commande à ses janissaires un massacre général des Français, Génois ou Vénitiens qui s'étaient établis avec leurs familles, dans les quartiers européens de Péra et de Galata, et se reposaient sur la foi des traités. C'est toujours une grave imprudence que d'éveiller le goût du sang dans l'âme féroce des multitudes. Mais pour le moment, Andronic profite de cette diversion sanguinaire, et cela lui suffit. Après cet intermède, il peut, avec l'inconsciente complicité d'une plèbe qu'il associe à ses crimes, tuer ou emprisonner tous ceux, toutes celles qui le séparent du trône impérial. Sur le chemin du pouvoir, il n'admet

pas d'obstacles ni de délais. Il brûle, littéralement, les étapes. Quelqu'un le gêne, il le sup-
prime. On meurt beaucoup autour d'Andronic,
on meurt surtout de mort subite. Sa nièce, la
fille ainée de l'empereur défunt, disparaît, la
première ; elle est bientôt suivie par le jeune
césar Renier de Montferrat, sans doute em-
poisonné. Quant à l'impératrice Marie, Andronic la traduit devant une espèce de tribunal révolutionnaire qui, préalablement stylé
par un précurseur lointain de Fouquier-Tin-
ville, condamne cette malheureuse femme à
être étranglée. Avant l'exécution de cette sen-
tence abominable, le dominateur Andronic
oblige le petit empereur Alexis à ratifier la
condamnation de sa mère en apposant sur
l'arrêt sa signature impériale, à l'encre rouge
« comme une goutte de sang ». Tel on verra,
six cents ans plus tard, au temps de la Terreur, le citoyen Hébert solliciter contre Marie-
Antoinette, le témoignage du petit Louis Capet...

Au mois de novembre 1183, le jeune empereur Alexis est étranglé à son tour.

On vint jeter le petit cadavre aux genoux
d'Andronic ; il le repoussa d'un coup de pied,
avec une insulte : « Ton père était un parjure,
ta mère était une femme perdue. » Et il or-
donna qu'on jetât le corps de l'enfant au Bosphore. Après quoi, avec un beau mépris de
l'opinion publique, il épousa la fiancée du
mort, Agnès de France, la fille de Louis VII...

Cet effroyable mariage fut célébré à Sainte-
Sophie.

On ne sait comment la petite impératrice a
pu vivre au milieu de ces tragédies byzantines.
Il ne semble pas qu'elle ait eu particulièrement
horreur d'Andronic. Ayant vu, sans doute, la
mort de très près, elle se résigna peut-être
sans trop de répugnance, à sa condition nouvelle. On la voit figurer avec un plaisir en-
fantin dans les cérémonies publiques, en habit
impérial, à côté de ce vieux sultan dont elle
n'est d'ailleurs pas la dernière conquête. Au
cours de son règne de trois ans, Andronic se
procure un nombreux harem, si bien que les
beaux esprits de Byzance, tout farcis de cita-

tions classiques, le comparent à « Dionysos avec son cortège de Thyades, de Ménades et de Bacchantes ». Toujours farceur, il fait accrocher aux portiques du Forum les cornes des cerfs qu'il a tués à la chasse, « en apparence, dit Nicétas, comme un trophée de ses exploits, en réalité pour se moquer des bons bourgeois de sa capitale »... Entre temps, il fait pendre, écorcher vifs, empaler, brûler à petit feu tous ceux que ses délateurs dénoncent à sa cruauté.

Le règne d'Andronic est une des époques les plus sombres du Moyen âge byzantin. Les Normands de Sicile saccagent Thessalonique, après avoir ravagé Thèbes et Corinthe. L'administration des stratèges de l'Hellade est si mauvaise que l'archevêque d'Athènes, Michel Akominatos, prélat vertueux et patriote, se plaint des déprédations commises sur l'Acropole par les préteurs impériaux.

Cette bacchanale sanglante est interrompue enfin par un juste retour des choses d'ici-bas. Détrôné par Isaac l'Ange, Andronic éprouve à son tour les revirements de la multitude, les affres d'une atroce impopularité, l'agonie des longs supplices...

Ayant tenté de fuir dans une barque, il fut pris et livré par Isaac à la fureur du peuple. La vigueur de son tempérament fit durer son supplice pendant plusieurs jours... On lui arracha la barbe, on lui brisa les dents, on lui coupa une main, on lui creva un œil; puis, après l'avoir jeté nu dans un cachot, on le promena par la ville sur un chameau pelé... Lapidé, échaudé d'eau bouillante, on l'amena à l'Hippodrome, on l'y pendit par les pieds; enfin les soldats s'amusèrent à le déchiqueter. Portant à sa bouche son poignet coupé, il ne cessait de répéter : « Mon Dieu, ayez pitié! Pourquoi brisez-vous un roseau déjà rompu? » Ainsi finit la glorieuse dynastie des Comnène.

Telles sont les scènes ultra-byzantines que la petite princesse de France (qui était déjà veuve de deux empereurs et qui n'avait pas quinze ans!) a pu raconter aux Français de la quatrième croisade, à Geoffroy de Villehar-

douin, maréchal de Champagne, au comte
Louis de Blois, à Baudouin, comte de Flandre,
lorsqu'elle eut rappris la langue de ses aïeux,
oubliée parmi tant d'aventures... Elle trouva
un consolateur et un troisième mari dans la
personne de Théodore Vranas, noble Byzantin
que les Français nommèrent prince d'Andrinople en 1206, et qui se rallia franchement,
loyalement au régime établi dans l'anarchie
d'Orient par les chevaliers venus des terres
occidentales.

En ce temps-là une extraordinaire aventure
transplanta en Orient l'élite des « hauts
hommes » de France, la fleur de notre chevalerie. Geoffroy de Villehardouin, l'incomparable historien de la Conquête de Constantinople, devint « maréchal de Romanie » et
châtelain de Messinople en Thrace. Son neveu
conquit le Péloponèse avec Guillaume de
Champlitte, et fut prince d'Achaïe. Le comte
Louis de Blois fut seigneur suzerain de Nicée
et de la Bithynie. Étienne du Perche obtint
le fief de Philadelphie, en Asie-Mineure ; le

marquis Boniface de Montferrat fut roi de
Thessalonique. La famille poitevine des Lusi-
gnan régnait à Chypre. Robert de la Trémoille,
Hugues de Charpigny, Gautier de Rosières,
Guy de Nivelet, etc., furent barons en Arcadie
et aux alentours d'Argos ou de Lacédémone.
Jean de Neuilly fut nommé maréchal hérédi-
taire de la principauté d'Achaïe. Un Franc-
Comtois, Othon de la Roche, sire de Ray,
vainqueur aux Thermopyles, fut récompensé
de son courage par les titres de baron de
Thèbes et de duc d'Athènes.

Agnès de France a pu admirer, pendant
quinze ans, les péripéties de cette merveilleuse
épopée qui a fondé en Orient une nouvelle
France. Son pays longtemps quitté, presque
oublié, revenait à elle pour bercer son cœur,
en ses dernières années, aux cadences de la
vieille chanson qui parlait d'amours chevale-
resques, d'irréprochable loyauté, de dévoue-
ment et de prouesses. La fin de ses jours fut
aussi heureuse et paisible que les débuts en
avaient été orageux et tragiques. De son ma-

riage avec l'excellent Théodore Vranas, elle eut une fille qui épousa, en 1219, un baron français, Nargeaud de Toucy. Elle eut la joie, avant de mourir, de voir sa petite-fille entrer, par un charmant mariage, dans la famille des Villehardouin, princes d'Achaïe... Longtemps après ces événements, saint Louis, étant en Palestine, accueillit, nous dit Joinville, « un sien cousin », qui habitait Constantinople, et qui s'appelait « messire Philippe de Toucy ». C'était le petit-fils de cette Agnès de France qui fut impératrice d'Orient...

Les princes de Morée, nous dit le chroniqueur catalan Raymond Muntaner, prennent leurs femmes dans les maisons françaises. Ainsi font leurs vassaux, barons et chevaliers, qui ne sont jamais mariés qu'à des femmes de France. Aussi disait-on que « la plus noble chevalerie de France était la chevalerie française de Morée. On y parlait aussi bon français qu'à Paris ».

Il nous est donc loisible d'imaginer les conversations d'Agnès de France, au déclin de son âge, avec son gendre Nargeaud et ses petits-fils Guillaume et Philippe.

, « Les Byzantins, disaient ces braves Français, se croient supérieurs à nous parce qu'ils savent, ou croient savoir, la mythologie, la pneumatologie, l'ontologie, la morphologie, et autres « logies » plus ou moins illogiques dont nous ne cherchons point à nous tympaniser la cervelle. Nous autres, nous sommes des gens simples. Ils sont des personnages fort compliqués. Byzance est la ville la plus pédante de l'univers : c'est aussi la plus dissolue et la plus féroce. On peut donc être à la fois très instruit et très méchant. Les pédagogues ont tort d'accorder trop d'importance à l'éducation de l'esprit et de négliger la formation du cœur. Une certaine culture sentimentale est nécessaire au progrès de l'humanité. L'intelligence, réduite à ses seules forces, ne suffit pas aux nécessités de notre difficile condition. Byzance, avec tous ses théâtres, toutes ses auberges, tous ses odéons et tous ses hippodromes, ne vaut pas la France généreuse, romanesque, entreprenante.

Le monde où l'on s'amuse sera toujours vaincu par le monde où l'on travaille. Nous sommes laborieux. Les Byzantins sont fainéants. Ils ne nous font pas peur. Ils ont peut-être plus d'esprit que nous. Mais l'esprit sert à tout et ne suffit à rien. L'esprit se trompe souvent, le cœur ne se trompe jamais. Nous autres, nous n'avons point la subtilité byzantine, mais nous sommes des gens de cœur. C'est pourquoi nous sommes meilleurs que ces gens-là, et nous avons mérité notre victoire. »

Ainsi, devisaient peut-être, en quelque donjon de Morée, le gendre et les petits-enfants d'Agnès de France, tandis que la vieille grand'mère voyait passer dans ses yeux prêts à se clore, la vision des rives de la Seine, le joli printemps de Paris, le ciel de chez nous, et la fraîcheur des blanches aubépines dont la floraison candide avait parfumé son berceau.

Sur le Bosphore.

Du Grand Pont de Galata, toutes les heures,

les bateaux à vapeur de la compagnie turque *Chirket-i-Haïrié* partent et remontent le Bosphore. Un nombreux public de passagers cosmopolites encombre le pont, surtout le soir. Beaucoup de gens ont leur maison à Arnaout-Keui, ou à Thérapia et leurs affaires à Constantinople. Ils passent la journée dans un bureau, à Galata ou à Péra, et rentrent le soir dans leur logis. A l'arrière de ces bateaux, derrière une clôture de toile qui n'est pas suffisamment fermée aux regards indiscrets, on a ménagé un espace pour les femmes turques. Des smalas s'y installent avec un attirail de paquets qui encombrent, et d'enfants qui vagissent. Une dame turque en promenade d'agrément ou en course, est toujours suivie d'un nombreux personnel de servantes, vieilles ou jeunes. Tout ce monde gazouille, babille, jase, caquette comme oiseaux de volière... Les femmes des autres races sont d'ailleurs admises dans ce harem. Les Arméniennes et les Grecques, que gêne l'odeur des fumeurs, y prennent place avec leurs ajustements parisiens, à côté des femmes d'effendis, de beys ou de pachas.

Le bateau longe l'arsenal de Top-Hané et Dolma Bagtché-séraï. Ce palais est né d'un caprice du sultan Abd-ul-Medjid. Cette pièce d'orfèvrerie, sculptée, fouillée, brodée, ornée d'arabesques folles, chargée de franges et de dentelles, n'est point désagréable à voir. C'est un mélange de tous les styles, une profusion de motifs architecturaux empruntés à tous les temps. C'est une juxtaposition de façades, de corniches, de frontons disparates, dont les dissonances produisent, somme toute, un effet assez original. Ce luxe, ingénument barbare, est un peu rococo, et tout à fait charmant. Et puis tout cela est en marbre blanc. Et, sous la caresse de ce divin soleil, le bloc a, par lui-même, assez de beauté et d'éclat pour s'imposer à la vue du spectateur émerveillé.

Tchéragan-séraï présente une façade plus simple et mieux ordonnée. C'est là qu'Abd-ul-Aziz est mort, on ne saura jamais comment.

O murs, que vous savez de tragiques histoires !

Ce joli palais, entouré de profondes verdures, a été longtemps une prison. C'est là que fut enfermé, avec des cadines et des icoglans, le sultan Mourad V. Le pauvre reclus végéta, rêva derrière ces fenêtres grillées, au murmure berceur des eaux chuchotantes. Le minaret d'une mosquée surgit au milieu des luxuriances du parc. Le pieux Abd-ul-Hamid n'a pas voulu enlever en effet, à sa victime, les pratiques consolantes de la religion. On multipliait autrefois, pour défendre les abords de ce palais, une quantité de précautions et un appareil de guerre qui lui donnaient l'air d'une caserne. Un poste militaire était établi tout auprès. Un cordon de sentinelles gardait la grille. Défense de s'approcher trop près. Ordre de faire feu sur les gens indiscrets et trop hardis. Mourad pouvait se bercer de rêves impériaux : jamais personne ne viendrait le chercher dans cette bastille. Il put d'ailleurs se consoler en pensant que le padischah, son gracieux frère, était aussi prisonnier que lui, là-haut dans cette citadelle d'Yildiz Kiosk, qui pesa pendant trente-trois ans sur la Turquie comme un monument de frayeur et de défiance. Abd-ul-Hamid, l'homme blème et toujours tremblant, ne sortait presque jamais de son palais. A peine risquait-il quelques pas au dehors, le vendredi, pour aller faire ses dévotions à une petite mosquée voisine d'Yildiz-Kiosk. Après cette satisfaction, furtivement donnée à une tradition séculaire, après ce sélamlik morne,.où un padischah en redingote passait, dissimulé par la capote d'une victoria, devant la haie des zouaves nègres, armés jusqu'aux dents, il rentrait immédiatement dans sa cachette pour huit jours.

Après Tchéragan, le bateau s'arrête aux échelles de la côte, Béchik-tach, Courou-Tchech-mé, Arnaout-Keui. Le long de ces petits ports, près des quais, l'eau bat les flancs de vieux *carravis*, chargés de charbon. Dans les villages habités par les Arméniens ou par les Grecs, les fenêtres ne sont pas grillées par ces éternels moucharabiehs qui donnent aux maisons un air aveugle. On voit sourire de gracieux visages, parmi les œillets et les jasmins, aux terrasses de ces clairs logis reflétés dans l'azur miroitant des golfes.

Le navire glisse sur les eaux calmes, entre deux rives que la limpidité du jour rapproche à mesure que le soleil monte à l'horizon vermeil... L'Europe et l'Asie semblent venir au-devant l'une de l'autre, avec leurs villas blanches et roses, mirées par la transparence d'une mer qui est lisse, polie comme une glace de cristal.

Si les habitants de Constantinople risquent d'être blasés par une longue accoutumance, et conséquemment d'apercevoir quelquefois d'un regard inattentif les tableaux vivants et changeants qui se succèdent, comme pour le divertissement pittoresque des voyageurs. à mesure que le mouvement de l'hélice dirige vers les perspectives de la mer Noire l'étrave du navire en marche, il n'en est pas de même pour l'étranger qui trouve en cette contemplation un charme sans cesse renouvelé. Quel admirable panorama, lentement déroulé comme sur l'écran d'un cinématographe !... Ainsi qu'aux

plus beaux jours de la cité impériale, un soleil
de fête rayonne au ciel, et répand sur la ville,
sur les collines, sur la mer, une douceur par
quoi les âmes sont charmées. L'ardeur de la
saison chaude est tempérée à souhait par le
souffle des brises que rafraîchit la neige des
montagnes de Bithynie. A bord, il y a des
passagères qui ont des yeux admirables, ces
yeux noirs d'Orient, qui se voilent de langueur sous les longs cils des paupières bistrées,
et parfois brillent d'un éclair soudain, avivé
par ce teint mat que les Levantines savent se
composer avec du blanc de céruse et du plâtre
pulvérisé. Une légère vapeur de pourpre s'é-
tend sur les coupoles des monastères et des
églises qui s'éloignent à l'horizon. Les minarets des mosquées dominent ce paysage antique. Et pourtant, on revoit sans peine, comme
aux clartés d'une évocation magique, la cité
d'autrefois : Byzance avec ses terrasses blanches,
égayées par l'épanouissement des lauriers-
roses, ses colonnes de bronze, ses obélisques,
ses arcs de triomphe, ses aigles éployées aux

frontons des basiliques, et la double croix du dôme de Sainte-Sophie, affirmant au-dessus de toutes les puissances temporelles la suprématie de la chrétienté d'Orient... Une rafale de barbarie asiatique a passé sur toutes ces merveilles. Mais l'antique cathédrale, dédiée à la Sagesse divine dans la seconde métropole du vieux monde romain, attend toujours le patriarche dépossédé. Les Grecs de Constantinople n'ont pas cessé d'espérer contre toute espérance. Ils ont une façon aiguë, douloureuse et tenace d'apercevoir les splendeurs du passé à travers les misères du présent. Ils savent discerner la brillante histoire de leur ville héréditaire au delà des réalités mornes de Stamboul, comme un philologue exercé au déchiffrement des poèmes de l'antiquité sait distinguer, à travers les fatras d'un palimpseste, la pureté du texte primitif. Ils s'efforcent de maintenir sans cesse et de fortifier sans relâche le lien qui les unit à la civilisation.

La forteresse de *Rouméli-Hissar* étage sur la côte d'Europe la complication de ses tours

crénelées et de ses remparts enchevêtrés. La
pierre a pris une belle couleur dorée et fauve.
Ce château fut bâti par Mahomet II en 1452,
juste un an avant la prise de Constantinople.
La légende raconte que l'empereur Constantin
envoya des ambassadeurs au sultan, pour pro-
tester contre cette usurpation de territoire, et
que Mahomet menaça de faire écorcher vif le
chef de l'ambassade. En tout cas, dès ce moment, l'empire byzantin était condamné. Les
patriciens de Byzance ne pouvaient même
plus remonter le Bosphore sans être exposés
aux boulets des artilleurs turcs. Figurez-vous
une batterie prussienne, établie en permanence
à Bougival ou à Bercy !... Et comme, en ce
temps de barbarie, les hostilités internationales n'avaient pas les formes quasi cour-
toises que leur donne aujourd'hui la convention diplomatique, imaginez le farouche orgueil
des Turcs, leur arrogance, leur âpre convoi-
tise au spectacle de la grande ville, remplie de
marbre, d'or, d'argent et de belles femmes. Si
près de leur proie, ils ne pouvaient tarder à se

jeter sur elle, à la saisir. C'était une tentation trop forte, une occasion trop facile. Les imans ne durent pas recourir à de bien longües homélies, afin de déterminer la horde des croyants à se jeter sur la ville impériale pour la ravager [1].

Ces idées tragiques sont corrigées par l'aspect des villas heureuses et calmes, assises maintenant sur la rive au bord des eaux limpides, vraies maisons de paradis, dont les fenêtres discrètement fermées par un treillis semblent cacher de charmants mystères dans l'ombre odorante des lilas et des jasmins. Tout le long de la côte d'Europe, c'est une succession de *yalis*, maisons de plaisance s'égrenant comme les perles d'un collier sans fin. Ces villas sont bâties, pour la plupart, de planches frêles. Mais qu'importe leur durée? Ne sont-elles pas faites pour abriter au fond des alcôves, parmi le parfum troublant des roses musquées, sous les baldaquins des kios-

1. Le mot « horde » n'a point, pour les Turcs, le sens défavorable que nous lui donnons dans le style noble. *Ordou* signifie camp, corps d'armée. Aujourd'hui encore, un *mouchir* (feld-maréchal) commande un *ordou*.

ques, les caprices du maître, pour servir de volière aux jolies oiselles que les marchands d'esclaves ont fait venir, à grands frais, des pays lointains? Dans ce mystérieux asile, loin de la rumeur de Stamboul, dans la paix des verdures fraîches, au milieu de la chanson des cascades jaillissantes, dans la clôture du harem rafraîchi d'eau pure et enchanté de musiques secrètes, parmi les fleurs de pourpre et d'or, le rêve de volupté, éclos un jour au fond du cœur d'un pacha presque désabusé, pourra se cacher et s'épanouir. La pose alanguie des cadines jouant du luth, le geste des almées dansant mollement en faisant onduler leurs formes sinueuses, révèlent aux yeux du mahométan fidèle l'incarnation terrestre des houris qui attendent les dévots dans le paradis de Mahomet. Le pacha jette le mouchoir, comme dans les opérettes-bouffes...

Chemin faisant, un membre du Syllogue littéraire de Constantinople, avec qui j'ai lié connaissance à bord, fait des remarques savantes où la plus complaisante érudition se mêle à un patriotisme sincère et volontiers expansif.

— Ne croyez pas, me dit-il, en me montrant les maisons de Yéni-Keui et de Kalender, ne croyez pas que ces moucharabiehs et ces étages à encorbellement soient de l'invention des Turcs. Le peu que savent les Turcs en l'art de bâtir, ils l'ont appris de nos ancêtres. L'architecture byzantine fut un cadre où se sont établis les envahisseurs de Constantinople. Les icoglans occupent aujourd'hui les chambres des porphyrogénètes, voilà tout.

En effet, les *tchiflicks* et les kiosques des Osmanlis sont situés aux endroits mêmes où les opulents bourgeois de Byzance avaient aménagé leurs rendez-vous de chasse et leurs réserves de gibier. A l'intérieur des habitations, les escabeaux, les guéridons et les coffrets incrustés de nacre, qui forment la meilleure part du mobilier des Ottomans, sont fabriqués d'après des modèles que façonnaient jadis les menuisiers byzantins. Sur l'emplacement de la résidence princière qu'occupe aujourd'hui l'ambassade de France à Therapia, s'élevait peut-être l'ancienne demeure d'un de ces dignitaires qui, drapés de pourpre, éblouissants d'or, d'argent et de pierreries, comme le saint Georges des vitraux et des icones, s'avançaient en procession officielle, au bruit des acclamations populaires, selon l'ordre des préséances réglées par l'ostiaire préposé au protocole, dans le défilé des sénateurs, des préfets et des cubiculaires qu'ont remplacés les imans en longue robe et les pachas enturbannés.

Therapia est la résidence d'été de l'ambassade française à Constantinople. C'est un vieux et charmant village au bord de l'eau. Les historiens nous apprennent que, dès le temps de l'empire byzantin, on allait volontiers prendre le frais dans cette banlieue verdoyante et fleurie. Les négociants de Byzance, enrichis par le fructueux commerce des soies, des tissus brodés, des tapis, des armes, des ivoires, des miniatures ou des gemmes qui ont assuré pendant plusieurs siècles la prospérité de leur commerce, aimaient, comme les Parisiens d'aujourd'hui, à chercher, loin du comptoir des trapézites, en quelque villégiature suburbaine, un repos laborieusement gagné. Ils ornaient d'émail, d'or, de mosaïques et de fresques leurs maisons de campagne; ils excellaient dans l'art de dessiner les jardins d'agrément où s'écoulaient, sans souci, leurs heures estivales. Vêtus d'étoffes souples et fraîches, garantis du soleil par des chapeaux thessaliens en paille légère, les contemporains de Manuel Paléologue, de Jean Cantacuzène ou de l'impératrice Eudoxie se promenaient, avec leurs femmes et leurs enfants, à l'ombre des cyprès, des pins-parasols et des platanes, sur les coteaux qui avoisinent les Eaux-Douces d'Europe et d'Asie. L'invasion des Turcs et les invraisemblables bâtisses qu'un syndicat d'hôteliers barbares entasse maintenant, comme à plaisir, sur les deux rives du Bosphore, n'ont pas aboli complètement le souvenir de cette vie heureuse et facile. Une navigation de quelques heures dans ces parages, tour à tour illustrés et désolés par l'histoire, est un enchantement pour les yeux, en même temps qu'une innombrable occasion de rêve pour l'imagination émerveillée ou émue.

Therapia demeura longtemps le séjour préféré de ces grandes familles phanariotes, qui, à force d'art, de souplesse et d'intelligence, avaient trouvé le moyen de se faire une grande place dans l'administration turque. Les Ypsilantis ont possédé la résidence actuelle de l'ambassade de France. Ce n'est guère qu'un grand chalet de bois, peint en rouge ; mais un grand parc l'entoure de verdure fraîche. Dans les chambres, les baies des larges fenêtres encadrent, comme autant d'aquarelles, les aspects d'un paysage fait à souhait pour le plaisir des yeux : un premier plan de mer bleue, et, au delà, la côte d'Asie, luxuriante et lumineuse.

Devant la porte de l'ambassade, il y a un corps de garde où sommeillent, en fumant des chibouques ou en mâchant du racahout, les cavas et les chiaoux de Son Excellence. Ce sont des huissiers pleins de couleur locale. Ils sont coiffés de chéchias ou de fez en feutre cramoisi que rchaussent des enroulements de mousseline bariolée. Leurs dolmans sont brodés de fleurs bizarres. Ils ont des yatagans à la ceinture. Et d'amples culottes bouffantes, à la zouave, retombant presque sur leurs escarpins de cuir maroquiné, achèvent de donner à l'accoutrement de ces braves gens un exotisme tout à fait oriental.

Rien n'est plus délicieux que de rentrer à Constantinople par le dernier bateau. On approche du pont de Galata à l'heure du couchant. L'eau se moire de reflets sombres, sous les derniers rayons du soleil qui meurt. Et quelles jolies dentelures découpe sur l'horizon chaud la longue échine de Stamboul ! Les plans se confondent. Les saillies et les reliefs n'apparaissent plus, s'estompent de grisaille bleue où se mêlent le gris pâle de la perle et le blanc irisé de la nacre. C'est une ombre chinoise prodigieusement fantastique, suspendue entre ciel et terre. Encore une fois, ce profil

hérissé d'aiguilles, renflé de dômes, semble
l'entrée lointaine d'un paradis. Cela n'est plus
ni humain, ni terrestre. On a entrevu ces perspectives, autrefois, dans des rêves de féeries.
C'est un mirage irréel, une magie tour à tour
étincelante et voilée. On ne croyait pas que
cela pût jamais se réaliser ; et le regard blasé
du moindre épicier de Galata se pose, chaque
soir, avec indifférence, sur ces splendeurs !

Dans les ruelles d'Eyoub.

Innocente volupté d'errer à loisir en longues
flânes, à travers ces ruelles silencieuses, le
long des maisons de bois soigneusement
closes et des médressés où les softas murmu-
rent de saintes paroles, près de ces étranges
cimetières, où les verdures exubérantes montent à l'assaut des tombes ; volupté de glisser,
en un caïque effilé sur les flots infiniment
doux, entre la clarté du ciel et le bleu profond
des eaux calmes, en regardant passer, sur
deux rives rapprochées, l'amphithéâtre de Péra

et la silhouette dentelée de Stamboul, pendant
que le déclin du soleil illumine de rayons
obliques la tour de Galata et pose une splendeur rose sur les six minarets de Sultan-
Achmet...

Malgré l'acte de dépossession brutale qui,
sans autre raison que le prétendu droit du
plus fort, chassa de Constantinople les derniers
défenseurs de l'empire romain d'Orient, héritiers de la culture antique, il faut contempler
avec indulgence, même des fenêtres d'un hôtel
européen, les coupoles et les minarets de Stamboul et toute la perspective horizonnée par l'a-
queduc de l'empereur Valens. La cité turque
nonchalamment étendue au penchant des collines qui dominent la Corne d'Or, attire vers
elle, par le charme d'une invincible nostalgie
notre romantisme invétéré. Avant de la regarder de près, nous l'avons vue de loin, en beauté,
tout auréolée de lumière blonde, sous les
voiles légers d'un ciel de printemps ou d'automne.

La vieille ville de Stamboul, encore occupée
militairement à l'ombre des cyprès et des platanes, par l'arrière-garde d'une armée jadis
conquérante, ressemble à une retraite enchantée comme la demeure de la Belle au bois
dormant. La mélancolie des choses qui finissent a ennobli, glorifié le déclin de cette capitale, autrefois tragique, aujourd'hui déserte,
où les sultans n'habitent même plus leur
ancien palais. Le Vieux-Sérail, jadis grognon,
maussade ou terrible, selon les jours, ne fait
plus peur à personne; on voit des oiseaux
paisibles, des pigeons et des colombes voleter
sur la culasse des canons encloués et faire
leur nid dans les creux des murailles démantelées, où grondait la mousqueterie des janissaires. La grande mosquée de Sainte-Sophie,
l'ancienne basilique où Mahomet le Conquérant entra orgueilleusement à cheval, en faisant gicler sous les sabots ferrés de sa monture, le sang des femmes et des enfants mas-
sacrés au pied de l'autel, n'est plus qu'un
monument historique, badigeonné par des

artistes turcs, recommandé par M. Joanne, prôné par M. Bædeker, et qui serait raccommodé, s'il menaçait ruine, par le syndicat des hôteliers de Péra. L'Islam ne s'y manifeste plus, comme au temps de Bajazet, par des éclairs de sabre,

> Toujours tirés hors du fourreau, toujours
> Prêts à faire voler des têtes de giaours.

Non, le pèlerin d'Occident, encore échauffé par la lecture des *Orientales*, est accueilli dans l'ancienne église de Justinien par des sacristains dont les turbans s'inclinent en pacifiques révérences. On y est guidé par des bedeaux obséquieux, qui ont toutes les qualités et aussi tous les défauts du parfait cicérone. Ah! les temps sont bien changés... Hormis l'impénétrable *djami* d'Eyoub, au seuil duquel j'ai vu jadis un séminariste turc frapper par excès de zèle un touriste imprudent, — et où l'on m'assure d'ailleurs qu'il n'y a rien à voir, — toutes les mosquées de Stamboul sont ouvertes à deux battants par les vicaires du

Prophète. On rencontre d'ailleurs à Stamboul,
des vieillards qui sont pleins de grâce patriarcale. On y trouve aussi, dans les petites ruelles
tortueuses, fraîches et ombragées de pampres,
des flâneurs exquis, des boutiquiers philosophes, des barbiers discrets, des confiseurs
qui sont tout sucre et tout miel, et chez qui
l'on aime à déguster des gaufrettes de millet,
le sirop de cédrat, le loukoum aux pistaches,
la pâte d'abricots, trouvaille exquise des
Arabes, la crème aux amandes, les sorbets à la
vanille, toutes sortes de bonnes choses, que
les musulmans gourmets ont inventées, et
qui font venir l'eau à la bouche, rien que d'y
penser.

Edirnek-Kapou.

On me conte l'histoire d'un cadet de Gascogne qui vint ici en des temps déjà anciens,
ayant quitté tout jeune son maigre fief du pays
de Comminges, cherchant fortune à travers le
monde, et finissant par la trouver dans l'escar-

celle de Philippe le Bon, duc de Bourgogne et de Brabant, palatin du Hainaut, marquis du Saint-Empire. Il s'appelait Bertrandon de la Broquière. Sachant que le duc, son maître, avait des idées de croisade, il entreprit de parcourir tous les pays du Levant, afin de comparer la puissance des Turcs aux ressources de la chrétienté. Si l'on songe que ce voyage, — dont nous avons la relation détaillée, — a été fait en 1432, c'est-à-dire une vingtaine d'années avant la prise de Constantinople par le Grand-Turc, on éprouvera quelque émotion à suivre en son itinéraire d'Orient ce témoin oculaire d'une agonie dont l'Europe n'a cessé de ressentir, pendant plus de quatre siècles, les effets désastreux et le contre-coup fatal.

Bertrandon de la Broquière, ayant visité, en son voyage d'outre-mer, la Syrie, alors gouvernée par une dynastie de mamelouks circassiens, Jérusalem et le Saint-Sépulcre, déjà retombé au pouvoir des mécréants, Nazareth, le mont Thabor « où Nostre Seigneur se transfigura », la plupart des églises de Terre Sainte, et les ruines du temple du Soleil à Baalbeck, chevaucha, en traversant les États du Grand Karaman, jusqu'à Brousse et Scutari, arriva enfin à Constantinople, où il logea chez un marchand catalan qui l'avait jadis connu à Bruges et qui s'appelait Bernard Carmer. Chemin faisant, il avait vu les *bimbachis* et les bachi-bouzouks d'autrefois, enturbannés d'un édifice de mousseline multicolore, accoutrés de vestes aux manches flottantes, largement culottés de braies bouffantes et plissées, terriblement moustachus, armés jusqu'aux dents, roulant sous leurs épais sourcils des yeux en boules de loto, et portant à la ceinture tout un arsenal de pistolets damasquinés et de yatagans courbes, — l'armée des premiers sultans, la horde très diverse, fantasque à plaisir, costumée, empanachée de couleurs voyantes, éclatantes à souhait, telle qu'on la voit encore dans les tableaux de Gentile Bellini et dans les descriptions d'Antoine Galland.

Bertrandon de la Broquière, flânant à son ordinaire par les rues et sur les places publiques, eut l'heureuse fortune de voir passer, près de l'église de Sainte-Sophie, l'impératrice Marie Comnène, sœur de l'empereur de Trébizonde, épouse de Jean II Paléologue, avant-dernier souverain de Byzance. Notre cadet de Gascogne admira passionnément, dans cette vision brève, la souriante beauté de cette jeune femme, un peu trop fardée à son gré, complaisamment peinte ainsi qu'une icone, mais gracieuse à ravir, sous son chapeau grec, dont la pointe allongée s'empanachait de trois plumes d'or. L'impératrice chevauchait, à la mode du pays, un palefroi harnaché d'une riche selle, dont le velours bleu était brodé d'argent fin. Pour monter à cheval, elle s'aida d'un escabeau apporté par un serviteur. Ses gestes faisaient tinter le cliquetis métallique des pendeloques d'or ciselé qu'un bijoutier de Damas avait attachées délicatement à ses oreilles, et où brillaient, aux clartés obliques du soleil déclinant, les feux rouges et verts d'une constellation de rubis et d'émeraudes. Elle s'éloigna, au pas vif et cadencé de sa

monture. Deux dames, vêtues et parées à peu
près de la même façon, cavalcadaient auprès
d'elle, sur des haquenées blanches. Une escorte
de patriciens encadrait ce joli cortège féminin,
qui disparut au tournant de la rue, s'en allant
vers la Corne d'Or, au palais des Blakhernes...
Le soir tombait sur la ville impériale. Et
c'était comme un dernier rayon de jeunesse et
d'espérance, dans le crépuscule tragique de
l'Empire agonisant.

Notre Gascon, s'en allant « devers les
Turcs » qui avaient déjà pris Andrinople,
revit plus d'une fois en songe l'exquise figure
de l'impératrice Marie. Il parla plus d'une fois
de cette délicieuse et décevante apparition à un
gentilhomme milanais, messer Benedetto da
Forli, qu'il avait rencontré à l'auberge, et qui
fut son compagnon de route jusqu'à la capitale
du sultan Mourad.

Ce gentilhomme milanais avait été chargé
précisément, par le duc, son maître, Francesco
Sforza, d'une ambassade auprès du Grand-Turc.

Mission très importante ! Il s'agissait de réconcilier l'empereur Sigismond, roi de Hongrie, le vaincu de Nicopolis, avec le redoutable Commandeur des Croyants, et de faire marcher ensemble ces deux potentats contre Francesco Foscari, doge de la sérénissime république de Venise.

Chemin faisant, le Gascon et le Milanais s'entretenaient des affaires de l'Europe, notaient les rapides progrès des Turcs, et plaignaient les malheureuses chrétientés du Levant, de plus en plus menacées par les conquêtes de l'Islam. Ils arrivèrent ainsi, en caravane, escortés d'une dizaine de cavaliers, au bourg de Silivri, qui est l'ancienne Selymbria, et qui appartenait encore à l'empereur de Constantinople. Mais au delà de cette étape, qui n'est qu'à deux journées de la cité impériale, on entrait dans les terres de l'obéissance du Grand Seigneur.

Un Grec, en leur montrant les derniers vestiges du château de Tchorlou, au milieu d'une large vallée riche en pâturages, leur dit :

— Voilà déjà plus d'un demi-siècle que nous sommes esclaves... Le sultan a pris d'assaut notre ville. Notre gouverneur a eu la tête tranchée. Ce qui restait de notre garnison a été massacré. Nos murailles ont été ruinées de fond en comble, qu'allons-nous devenir?

Plus loin, Bertrandon de La Broquière et Benedetto da Forli s'arrêtèrent au pied d'une petite forteresse grecque, nommée Misterio, que le sultan avait donnée à un pacha de ses amis. Leur quatrième étape, avant d'apercevoir les minarets d'Andrinople, fut la ville de Bourgas, l'ancienne *Pyrgos*. On peut voir, aujourd'hui encore, de la station du chemin de fer, les débris de la tour qui avait fait donner à cet inutile bastion de l'hellénisme le nom de *Pyrgos*... Bertrandon nota que les murailles de cette forteresse étaient démantelées. Et, dans l'intérieur de cette ville conquise, il ne vit que les musulmans.

Eski-Baba... *Pavlo-Keui*... *Ouzoun-Keu-pru*... *Ourli*..., tels sont encore les noms étranges que le chef du train jette aux oreilles des voyageurs, à mesure que la locomotive haletante s'avance, à travers un paysage désolé, vers la berge sablonneuse et les eaux stagnantes de la Maritza. On distingue vaguement l'écho de ces syllabes lointaines dans le récit de Bertrandon, lorsqu'il approche de cette ville d'Andrinople, que les Turcs appellent *Edirneh...*

« Cette ville-ci, nous dit Bertrandon, est très grande et bien marchande et fort peuplée de gens... Et est cette ville sur une moult grosse rivière que l'on nomme la Marisse... Et demeurent en cette ville plusieurs marchands vénitiens, catalans, génois et florentins. »

Le cadet de Gascogne et l'ambassadeur milanais allèrent, selon la coutume des voyageurs, aux échoppes du *bezestin*, sorte de marché couvert, où se fait tout le trafic du pays et où circulent toutes les nouvelles. Ils trouvèrent, en ce lieu, des conteurs qui longuement et pompeusement, à la manière orientale, se mirent à célébrer en métaphores fleuries les exploits de Suleyman pacha, surnommé *Ghazi* (le Victorieux), conquérant du diocèse d'Andrinople. Entre temps, ils admirèrent les murs du sérail construit par le Grand-Turc. Mais on leur dit que celui-ci était à Sérrès, dans les environs de Salonique. Ils se résignèrent donc à repasser en barque les flots jaunes de la Maritza. Sur la rive droite de ce fleuve bourbeux, ils rencontrèrent, à la traversée d'un petit village, un long troupeau de femmes. Elles étaient environ cinquante, sous la conduite d'une quinzaine d'eunuques noirs.

— C'est le harem du sultan, leur dit-on. Mourad vient d'annoncer sa prochaine venue à Andrinople, où ses logements sont déjà préparés. Il est en route. Vous le rencontrerez bientôt, à moins que vous ne préfériez l'attendre.

Bertrandon et Benedetto étaient curieux. Ils prirent le parti d'aller plus loin en suivant le cours de la Maritza. C'est ainsi qu'ils visitèrent Dimotica, l'ancienne *Didymotyché*. Ils se demandaient comment l'empereur de Constantinople avait pu abandonner une place aussi

bien fortifiée. Les doubles remparts de cette
« bonne ville » enserraient « une montagne
presque toute ronde » que dominait le donjon
d'un « très beau châtel ». Pourtant, Hadji Ilbé-
guy s'était emparé de Dimotica, et avait réduit
toute la population grecque en servitude...

L'antique cité de Cypsèles, qui, selon Stra-
bon, marquait aux abords de la mer de Thrace
le point d'aboutissement de la voie Egnatienne,
s'appelle à présent *Ipsala*. C'est sous ce nom
que Bertrandon la désigne dans la relation de
son voyage. Elle fut enlevée aux Grecs par
Suleyman pacha... Lorsque notre cadet de
Gascogne la visita, elle était déjà « toute abat-
tue ».

Pour aller au bord de la mer, à Enos, « qui
fut jadis une grande cité au temps de Troie la
Grande », et qui, lors du voyage de Bertrandon de la Broquière, faisait partie d'une petite
seigneurie génoise, aux mains d'un certain
Palamède Gattilusio, prince d'Imbros et de
Samothrace, tributaire du sultan, il faut tra-
verser la Maritza au bac de Kalerskos. Bertran-

don observa que « cette marche de pays » est
« tout marécage » et « malaisée à chevaucher ».
Il se reposa en allant visiter, aux environs
d'Enos, un tombeau très ancien, où fut enseveli, dit-on, Polydore, fils de Priam.

Continuant à chevaucher botte à botte, vers
Salonique, au devant du sultan Mourad, l'ambassadeur de Milan et le gentilhomme gascon,
ayant dépassé le caravansérail de Komourtchina
et les ruines désertes de Maximianopolis, rencontrèrent enfin, à Yéni-Bazar, le padischah
des Ottomans, « lequel menait peu de gens en
sa compagnie, selon ce qu'il a accoutumé, car
il s'en allait esbatant et chevauchait à son aise
à petites journées ».

Toutefois le cortège du Grand-Turc se com-
posait bien de quatre à cinq cents cavaliers.
Une douzaine d'archers et autant d'esclaves
marchaient devant lui. Nombreux étaient ses
fauconniers, caracolant à droite et à gauche,
l'oiseau sur le poing. Quant à lui, c'était un
homme d'environ trente ans, gros et gras, un
peu replet, court de jambes, large d'épaules et

de visage, le nez recourbé, les yeux petits, la barbe ronde, la physionomie d'un Tartare. Il était vêtu d'une robe de velours cramoisi, fourrée de martre zibeline. Son turban d'étoffes vermeilles s'enroulait autour d'un couvre-chef très haut et pointu. Son cortège était suivi d'une longue file de chameaux, mulets, ânes et autres bêtes, menant un grand charroi de provisions et bagages.

Il parlait à ses gens d'un air impérieux et d'une grosse voix.

L'ambassadeur de Milan fit demander aussitôt une audience au sultan Mourad. Mais celui-ci fit répondre que, pour le moment, il voyageait pour son plaisir et qu'il remettait à plus tard le soin de s'entretenir des affaires sérieuses.

Benedetto et son inséparable compagnon retournèrent donc à Andrinople, où ils attendirent pendant onze jours le bon plaisir de ce souverain fantasque. Ils eurent ainsi le temps de se renseigner sur son humeur ainsi que sur ses faits et gestes. Mourad aimait beau-

coup la chasse. Il possédait plus d'un millier
de chiens. Un de ses divertissements favoris,
c'était de boire, et aussi de faire boire les gens
autour de lui. Quand il avait bien bu, sa générosité ne connaissait plus de bornes, et il faisait de grands dons aux buveurs qui avaient
pris part à ses solides beuveries. Il n'entendait point la plaisanterie sur ce chapitre. C'est
ainsi qu'il fit mettre en prison un prédicateur
sarrasin qui, alléguant les préceptes de Mahomet, lui avait reproché son goût immodéré
pour le vin et pour les liqueurs fermentées.

L'ambassadeur de Milan eut toutes les peines
du monde à obtenir l'audience qu'il était venu
chercher si loin. Ayant demandé aux trois
vizirs, Khalil-Pacha, Saroudjèh-Pacha, Mehe-
med-Aga, ainsi qu'au beylerbey de Roumélie,
Sinan-Bey, quelques instants de conversation
pour affaire urgente, il eut le regret de renoncer
pour le moment à son dessein, ces quatre personnages étant ivres. Le lendemain, lorsque
ces seigneurs furent dégrisés, l'ambassadeur
s'en fut leur porter les indispensables cadeaux

que les hauts fonctionnaires, en Turquie, exigent de tous ceux qui ont besoin de leur intervention.

Enfin, le troisième jour, on vint de la part des pachas chercher l'ambassadeur à son auberge. Benedetto monte à cheval suivi de Bertrandon que le protocole musulman oblige à cheminer à pied. A la porte du konak, il y a « grand'foison de gens et de chevaux » et une trentaine d'esclaves armés de bâtons. Le *capidji-bachi* (chef des portiers) commande à toute cette valetaille. C'est un dignitaire enturbanné de toile blanche, tenant de la main droite son bâton de commandement, et tendant l'autre main pour toucher l'inévitable pourboire (*bakchich*).

On entre dans la cour. L'innombrable assemblée des solliciteurs attend patiemment que les trois vizirs soient arrivés avec le beylerbey Mehemet aga de Roumélie, l'audience ne pouvant commencer sans la présence de ces importants mamamouchis.

Le temps paraît long à l'ambassadeur et à

son fidèle compagnon, près de cette porte où le sultan tarde à paraître. Enfin, la Sublime Porte s'ouvre. Voici Mourad. Il a endossé par-dessus sa robe de satin cramoisi un caftan de satin vert, ramagé de fleurs. Il marche vivement. Derrière lui, un nain gambade, et deux jeunes icoglans font des bouffonneries.

Sur un sofa couvert de velours et surélevé par trois ou quatre marches au-dessus du plancher de la galerie, le sultan s'assied à la guise des Turcs, « qui est telle que celle des couturiers quand ils cousent ». Il fait un signe au milieu du silence. Et tout d'abord, la parole est donnée à un seigneur du royaume de Bosnie, qui s'appelle Radivoï, fils d'Étienne Ostoïa. Ce seigneur, étant retenu comme otage à Andrinople, vient réclamer sa liberté, en déclarant que, si on lui donne le royaume de Bosnie, il reconnaîtra le sultan comme son suzerain et chassera l'usurpateur Tiarko. Viennent ensuite vingt notables valaques, également retenus comme otages et livrés au sultan par Vlad le Diable, voïvode de Valachie.

Quand vint le tour de l'ambassadeur de Milan, l'attentif Bertrandon de La Broquière, Gascon aux yeux vifs, redoubla de vigilance et de curiosité, pour ne rien perdre de cette scène historique.

Messer Benedetto s'avança, précédé d'une escouade de valets qui portaient les présents du duc de Milan. Il salua en s'inclinant, sans ôter son aumusse, fit encore quelques pas vers l'estrade du sultan et salua de nouveau par une profonde révérence. Le sultan se leva et tendit la main à l'ambassadeur, en lui demandant comment se portait son bon *fratello*, le duc François Sforza. Cette vague conversation, qui eût été d'ailleurs impossible sans l'entremise d'un drogman, fut très courte, car on apporta aussitôt des plats chargés de riz et de viandes. Quand on eut mangé le pilaf et le kébab, l'ambassadeur se retira, l'usage turc lui interdisant d'aborder en cette première entrevue le sujet de son ambassade.

Le lendemain, un fonctionnaire du Trésor vint à l'auberge de l'ambassadeur lui appor-

ter, de la part du sultan, deux ducats d'or.
C'était une démarche prescrite par la politesse
ottomane. En revanche, cette même politesse
exigeait que l'ambassadeur donnât de l'argent
à tous les portiers du palais. De cette manière
on était quitte : les bons comptes font les bons
amis.

Le troisième jour, l'ambassadeur fut mandé
par les trois vizirs et par le beylerbey de Roumélie.

Ils le firent asseoir « bas devant eux ainsi
qu'un homme que l'on juge ».

Et quand ils surent le sujet de son ambassade, ils lui dirent que le sultan, très occupé
ailleurs, ne pouvait lui donner audience, mais
qu'ils se chargeaient de lui transmettre sa
requête.

— Le duc, mon maître, dit alors Benedetto,
désire que Sa Hautesse laisse à l'empereur Sigismond le royaume de Hongrie, la Valachie,
la Bulgarie jusqu'à Sofia, le royaume de Bosnie et le pays des Esclavons.

— Nous rapporterons ceci au Grand Seigneur, répondirent les pachas, et nous vous ferons connaître sa réponse.

L'ambassadeur attendit pendant dix jours. Il utilisa ce délai en diverses excursions, promenades et visites, toujours accompagné de Bertrandon. Celui-ci nous a décrit la magnificence des cadeaux que le sultan fit remettre à la fille du beylerbey pour le jour de ses noces. La femme d'un pacha, suivie de trente autres femmes, vêtues de velours et de drap d'or, se rendit à cheval chez la mariée. Ce cortège était précédé de quinze musiciens qui menaient un grand bruit de trompettes, de tambours et de nacaires. Les cadeaux consistaient en soixante-dix plateaux d'étain, chargés de confitures et de compotes. Venaient ensuite, sur dix-huit civières portées à bras, dix-huit moutons écorchés, blancs et rouges, ayant au nez et aux oreilles des anneaux d'argent.

D'autres fois, les spectacles de la rue étaient fort tristes. Bertrandon s'attendrit sur la misère d'un troupeau de chrétiens qu'il vit mener au bazar des esclaves, où on les mit en vente.

Ils demandaient l'aumône et c'était « grand'
pitié... »

Lorsque l'ambassadeur fut mandé, une dernière fois, à la Sublime Porte, il trouva le sultan Mourad en conversation avec le seigneur
Manoli Tocco, frère du duc de Céphalonie.
Aussi, ne put-il point aborder le sujet de son
ambassade, Mourad ayant vivement disparu
dans une chambre voisine, aussitôt après sa
conversation avec Manoli Tocco. Après le départ du sultan, le cadi vint rendre la justice.
Benedetto ne savait que faire, lorsque, fort
heureusement, la venue des trois vizirs et du
beylerbey, impassibles comparses de cette
comédie, tira de sa perplexité le malheureux
diplomate, ils lui tinrent à peu près ce langage :

— Messire, notre seigneur et maître vous
recommande expressément de bien saluer son
bon frère, le duc de Milan. Mais il nous charge
de vous dire que les requêtes du duc ne sont
point raisonnables. Pour l'amour de lui, Sa
Hautesse a longtemps différé de poursuivre ses

conquêtes en Hongrie. Mais le sultan ne peut faire davantage ni rendre ce qu'il a conquis par le sabre. Toutes les fois que l'empereur Sigismond s'est trouvé en face du sultan Mourad ou de ses illustres prédécesseurs, il a été déconfit et s'est enfui... Il ne mérite point de considération.

L'ambassadeur de Milan dut renoncer à obtenir une autre réponse. Il se retira dans son auberge où le sultan Mourad lui envoya une robe de camocan cramoisi, doublée de bocassin jaune, une somme d'argent sur laquelle le trésorier du sérail préleva une commission de dix pour cent, et enfin un esclave pour lui servir de guide jusqu'aux plus proches frontières de l'empire ottoman. C'était un congé donné en bonne et due forme.

Benedetto da Forli et Bertrandon de la Broquière sortirent d'Andrinople le 12 mars 1432. Ils chevauchèrent le long des rives de la Maritza, en remontant le cours de cette rivière par la route de Philippopoli. Avant d'arriver dans cette ville, que les Osmanlis occupaient

déjà depuis soixante-dix ans, ils rencontrèrent
« environ quinze hommes qui étaient liés de
grosses chaînes par le col et bien dix femmes,
qui nouvellement avaient été pris au royaume
de Bosnie, à une course que les Turcs avaient
faite... ». Deux Turcs menaient au marché
d'Andrinople, afin de le vendre comme bétail
en foire, ce lamentable troupeau.

Tels sont les spectacles que l'on pouvait voir
aux portes de Constantinople, tandis que régnait encore le dernier empereur d'Orient.

De Mehemedje-Djami à Top-Kapou.

« Ils prendront Constantinople. Heureux le
prince, heureuse l'armée qui accompliront
cela ! »

On peut lire ces mots gravés en lettres d'or
et à la manière fioriturée des calligraphes sar-
rasins, sur une tablette de marbre encadrée de
lapis-lazuli, près de la porte de la grande mosquée que le sultan Mahomet II, surnommé le

Conquérant, padischah des Ottomans, Commandeur des Croyants, empereur d'Anatolie et de Roumélie, maître des deux mers, protecteur des villes saintes de Médine et de la Mecque, ombre de Dieu sur la terre, fit construire par l'architecte Christodule sur les ruines de la basilique impériale des Saints-Apôtres, afin de marquer d'un signe de possession temporelle et spirituelle l'ancienne capitale de l'Église orthodoxe et de l'Empire d'Orient.

De la place ombragée de platanes où la mosquée du sultan Mahomet étale la vaste rondeur de sa coupole et dresse les encorbellements ajourés de ses deux minarets, une rue presque droite, — chose très rare, dans l'inextricable dédale de Stamboul, — mène aux remparts que les souverains de Constantinople avaient munis de tours crénelées et de fossés profonds, afin de défendre jusqu'au bout le trésor de la civilisation et le patrimoine de l'hellénisme, abrité comme en un dernier refuge, sous les assauts répétés de l'Islam,

9.

envahissant, par les derniers héritiers de la cité antique et du domaine impérial.

Cette rue, anciennement triomphale, maintenant délabrée, mal pavée, creusée d'ornières, est bordée çà et là de bâtisses misérables, étrangement peintes et badigeonnées, où l'on retrouvera toutefois, lorsqu'on donnera des coups de pioche dans ces masures branlantes, les dalles du sarcophage bâti par Constantin le Grand pour l'apothéose des princes de la dynastie chrétienne, les colonnes et les statues des thermes de Zeuxippe, et sans doute aussi quelques débris de ce magnifique Hippodrome où l'empereur Justinien célébra, par un triomphe réglé selon les rites pompeux de l'ancienne Rome, la défaite des Vandales. Avant d'arriver à la porte d'Andrinople, on voit une haute mosquée en ruines, que la sultane Mihrimah, fille de Soliman et de Roxelane, fit bâtir avec les marbres et les porphyres des églises de Saint-Georges et de Saint-Jean-Baptiste. Partout, en cette ville ravagée d'abord par la rage meurtrière et ensuite par la paresse dévastatrice des conquérants, les monuments des vainqueurs sont faits du butin ramassé dans la ville prise d'assaut au cours d'un pillage qui dura plus de quatre siècles... Cette porte d'Andrinople, que les Turcs appellent Edirneh-Kapou, a souvent résisté aux attaques des sultans ottomans, avant l'assaut final du 29 mai 1453. Mais ce n'est pas là qu'a succombé la puissance de l'empire chrétien. Un peu plus loin, à la porte Saint-Romain, on voit encore, dans le rempart patiné d'ocre et d'or par la caresse des soleils innombrables, la brèche où a péri en combattant pour sa patrie et pour sa foi, le dernier empereur de Constantinople, Constantin Paléologue.

Il y a au musée du Louvre un précieux manuscrit grec qui rappelle aux yeux des personnes curieuses de miniatures anciennes le souvenir du malheureux souverain dont l'image sanglante se mêle tragiquement aux fantômes crépusculaires de l'hellénisme agonisant. C'est une copie des œuvres de saint Denys l'Aréopagite, apôtre des Athéniens. Ce manuscrit fut offert en présent à notre roi Charles VI par l'empereur Manuel Paléologue, père de Constantin. L'empereur était venu à Paris afin de solliciter l'appui de la chrétienté d'Occident et pour convoquer les rois de l'Europe au secours de son empire appauvri et menacé. Il fit dans notre capitale une de ces entrées solennelles dont les Parisiens toujours amateurs de spectacles recherchent le pittoresque divertissement. On admira la belle figure du basileus hellène, la noblesse de ses traits, sa barbe blanche, fleurie comme celle de Charlemagne, l'air de dignité un peu triste qui donnait à toute sa personne un caractère de mélancolique majesté. En mémoire de cet accueil affectueux et de son séjour sur les bords de la Seine, l'empereur de Constantinople offrit au roi de France son portrait, enluminé sur la feuille de garde du manuscrit de saint Denys l'Aréopagite, par un des plus fins imagiers du mont Athos. On le voit, dans cette miniature, en grand costume impérial, moins guerrier qu'ecclésiastique, la tiare en tête, la croix dans la main droite... Auprès de lui se tient l'impératrice Hélène, en chape toute raide de broderie d'or et constellée de pierreries, portant le *stemma* sur sa tête qui se penche avec une sorte de résignation monacale. A côté sont trois petits princes de la famille impériale, gentils et doux comme des enfants de chœur : Jean, d'abord, l'aîné, l'héritier présomptif, vêtu lui aussi d'une stole quasi sacerdotale, tenant de la main droite une croix d'or, le bras gauche orné du manipule rituel qui était à Byzance l'insigne de la puissance souveraine... L'empereur, l'impératrice et le prince impérial ont des nimbes d'or autour de leurs couronnes... Constantin, le cadet, n'a point de diadème ni d'auréole rayonnante. Gracieux sous le lourd manteau de brocart historié qui pèse sur ses épaules, les mains jointes sur les orfèvreries d'un sceptre émaillé qui ressemble à un hochet, le frêle porphyrogénète ignore sa destinée. Déjà les Turcs ont conquis la Thrace et s'approchent de cette porte Saint-Romain dont il sera le dernier défenseur...

Le vizir Chahin pacha s'est emparé de Philippopoli et d'Andrinople. Le sultan Mourad
dicte ses volontés aux successeurs de Théodose.

Il semble que les premiers actes de Constantin Paléologue, dès l'heure où il fut en âge
de vivre à sa guise, aient eu pour objet d'éviter
la hantise de cette sinistre vision. Il s'en alla
très loin de sa future capitale, reprit aux Vénitiens le port de Glarentza, et le château de
Villehardouin, près de Cyllène, dans le Péloponèse, et fut le plus actif, sinon le plus heureux des princes de Morée. Son palais est
encore debout, près de Sparte, sur la colline
où les reliques vivantes de Mistra évoquent
un passé que l'on avait cru mort, et qui, tout
d'un coup, se réveille sous les yeux de l'Europe
attentive et des diplomates étonnés.

Voici donc cette Pompéi byzantine ressuscitée, avec ses rues tortueuses que borde un
écroulement de chapelles, d'églises, de monastères et de palais. Elle fait songer, de loin,
à cette féerique principauté des Baux, dont

Mistral a chanté la magnificence et la somptueuse désolation.

Là-bas, comme dans les monuments déshabités qui attirent au sommet de l'acropole provençale les voyageurs épris de la majesté des tombes glorieuses, l'on est ému par le drame pathétique de tout ce silence et de toute cette solitude, où parlent encore les voix du passé. Les maisons de Mistra sont blanches comme des sépulcres. Leurs murailles sont délabrées, leurs créneaux sont démantelés. Et sous les voûtes des celliers qu'embaumait l'arome du vin de Chypre, on voit s'enchevêtrer maintenant une végétation d'herbes folles où flottent les parfums sauvages de la menthe poivrée et du térébinthe odorant. Les fenêtres sont béantes et aveugles, ainsi que des yeux morts. Et l'on voit tout de même pourquoi Mistra fut proclamée, en un dicton populaire, « la merveille de la Morée », Mistra, *mostra tis Moria*. C'est une cité byzantine qui fut ornée avec amour pendant plus d'un siècle par les Cantacuzènes et par les Paléologues. Au monastère de la Perihleptos, les fresques peintes par ces enlumineurs byzantins qui furent les maîtres de Cimabué et de Giotto représentent la divine liturgie, la procession eucharistique du Christ et des anges, la Nativité, la Transfiguration et les plus charmants épisodes de l'Enfance de la Vierge. Ailleurs voici le bon Pasteur et Daniel dans la fosse aux lions. Plus loin, dans la chapelle de Saint-Théodore, on voit l'ange de l'Annonciation. Manuel Comnène a fait bâtir pour les chrétiens de Mistra une église qui s'appelait Sainte-Sophie (*aghia Sophia*), la divine Sagesse, comme la grande basilique de Constantinople. Mais là, comme dans la métropole de l'empire, les Turcs ont recouvert de badigeon les mosaïques de l'abside et les effigies coloriées de l'iconostase. Et du palais de Constantin Paléologue, encore debout dans la ville haute, ils ont fait un bazar.

Malgré tout, elle est très curieuse vraiment et, pour ceux qui savent faire parler les pierres, très facile à interroger, cette cité péloponésienne, étagée en amphithéâtre au penchant du

Taygète, à l'abri du donjon qui la domine et qui la défend. Ce donjon féodal fut construit en solide maçonnerie, par Geoffroy de Villehardouin, neveu du maréchal de Champagne. Mais ce qui s'est perpétué de siècle en siècle, sur cette acropole conquise un instant par les Latins et bientôt rendue à sa destination véritable, c'est le dernier rayon de la civilisation antique avant la grande éclipse qui plongea bientôt dans une obscurité profonde les chrétientés d'Orient. Alors que les nations occidentales, mal dégagées de leur barbarie habituelle, tâtonnaient encore en des limbes d'ignorance et de rusticité, il y eut dans cette ville de Mistra, au fond du Péloponèse, un réveil d'humanisme platonicien, et comme un renouveau de culture antique. Sur les terrasses de ces maisons, ruinées pendant les guerres de l'indépendance hellénique par les bachi-bouzoucks du pacha d'Égypte, il y eut, deux mille ans après la mort de Socrate, des conversations socratiques où l'antagonisme du bien et du mal, les conflits de la science et de la religion, les difficultés du déterminisme et les exigences de la liberté suscitaient toutes sortes de propos ingénieux et de discussions savantes. Il y avait, à Mistra, des académies célèbres, des cénacles renommés, une admirable école de philosophie. Un Grec, noblement épris des plus pures traditions de l'hellénisme, Gémiste Pléthon, l'un des derniers représentants de la pensée athénienne au déclin d'un monde menacé de nouveau par les hordes d'Asie, commentait en plein air, sous l'azur d'un ciel où souriait encore une clarté d'espérance, les lumineux symboles et les allégories transparentes du *Phédon* et du *Protagoras*. Chrétien sincère et clairvoyant, le philosophe préféré de Constantin Paléologue assistait régulièrement aux liturgies que célébrait l'archimandrite, selon le rite de l'Église orthodoxe, dans cette basilique qui est là, sur la colline, et où le grand Christ byzantin, enluminé parmi les mosaïques de l'iconostase, étend le geste hiératique de ses mains bénissantes. Gémiste Pléthon, hanté par l'élégante nostalgie des jardins d'Académos, aimait cependant le verger mystique où s'épanouissait parmi des fleurs ardentes comme des flammes de cierges, le sourire pâle et un peu triste de la Panaghia aux grands yeux. Mais il ne pouvait renoncer au charme des visions lointaines qui attiraient sa fantaisie tour à tour au bois sacré des Muses et sur les sommets radieux où retentissait, comme un joyeux tonnerre, le rire étincelant des Olympiens. Ame élevée, largement ouverte à tout ce qui peut exalter l'humanité périssable au-dessus de sa condition bornée, Gémiste Pléthon était volontiers un professeur d'éclectisme. Tel était son désir de conciliation, qu'il aurait voulu réconcilier l'Église grecque et l'Église latine, le pape de Rome et le patriarche de Constantinople, et mettre fin au schisme fratricide. Là était le salut de l'empire d'Orient. Gémiste Pléthon enseigna sa doctrine à un jeune prêtre, qui vint de Trébizonde et de Nicée jusqu'à Mistra pour apprendre la philosophie et qui s'appelait Jean Bessarion. Ce jeune prêtre était animé, lui aussi, de la généreuse ambition de sauver sa patrie par l'union religieuse de l'empire d'Orient avec les nations occidentales. Il devint plus tard cardinal de l'Église romaine, et il n'oublia jamais les leçons qu'il avait reçues à Mistra, dans la maison du philosophe et dans le palais du « bon despote » Constantin.

Constantin Paléologue aurait vraisemblablement continué de couler des jours heureux dans son « despotat » de Morée, si la mort de son frère Jean n'eût interrompu le cours de cette quasi-royauté, toute pleine de douceur patriarcale. Un messager impérial arriva, le 6 janvier 1449, au château de Mistra, portant au nouveau successeur de Justinien le sceptre et le diadème, insignes de sa nouvelle puissance. Hélas! il savait mieux que personne combien cette puissance était précaire. L'empereur grec ne pouvait plus dépasser les faubourgs de Constantinople sans rencontrer les janissaires du sultan des Turcs. La capitale de l'empire survivait, par une sorte d'existence provisoire, à l'empire défunt. Le nouveau basileus, lorsqu'il eût fait son entrée solennelle, par la porte Dorée, selon le rite pompeux de ses illustres prédécesseurs, vit bien ce qu'il y avait de deuil et de détresse en ce suprême triomphe. Il aperçut d'ailleurs sur son passage, des visages malveillants, des yeux faux qui se détournaient de lui en regards obliques, des têtes qui affectaient de ne point saluer sa venue. Aux stations de cette marche processionnelle, qui lui fut douloureuse comme la montée d'un calvaire, tandis que les stavrophores portaient devant lui des croix d'or, constellées de pierres précieuses, et que les sacellaires, sous les plis des bannières frissonnantes, faisaient flotter un nuage de fumée aromatique, au rythme des encensoirs d'argent, il entendit des paroles hostiles, injustes, durement haineuses. Tout de suite il sentit qu'il était impopulaire. Son impopularité venait du loyal essai d'union qu'il avait tenté afin de sauver son pays et toute la chrétienté d'Orient par la réconciliation des deux Églises. Or, les théologiens de Byzance refusaient de sacrifier

au salut de la patrie leurs subtilités scolastiques
et leur amour-propre d'ergoteurs sempiternels.
Ils chicanaient sur des points de casuistique au
moment même où l'ennemi, de plus en plus
proche, menaçait les remparts de la pauvre
ville, isolée du reste de l'univers, et déjà
pareille à l'épave dernière d'un gigantesque
naufrage... Au moment où Mahomet II faisait
construire sur le Bosphore la forteresse de
Rouméli-Hissar, les Byzantins dissertaient à
perte d'haleine sur les vingt-cinq articles de
leur formulaire, notamment sur la question des
viandes bouillies et sur le problème de la
lumière incréée ! Telles étaient les passions
suscitées par ces querelles byzantines, qu'un
des plus hauts dignitaires de la couronne, le
« mégaduc » de Constantinople, disait tout
haut :

— J'aime mieux le turban du sultan que la
tiare du pape !

A peine intronisé au palais des Blakhernes,
d'où il pouvait voir les limites de son domaine
et les incursions des Turcs, déjà maîtres d'An-

drinople, de l'Hellespont et de la Propontide, Constantin fit venir le chef du protocole impérial et dispensa ce fonctionnaire du soin de préparer comme d'habitude les coûteuses fêtes du couronnement. Il ne voulut pas se prêter aux gestes d'une parade ordinairement magnifique et divertissante, mais qui, dans la conjoncture où l'on se trouvait, eût paru lugubre et vraiment choquante. Et puis, soupçonnant ses ministres, spécialement Manuel Jagaris, Néophytos de Rhodes, et plusieurs autres sénateurs de détourner à leur profit les deniers publics, il voulait trouver, au moment suprême, dans la cassette impériale, mise à l'abri des concussions et des rapines, les ressources nécessaires pour résister jusqu'au bout. Les sommes habituellement destinées aux fêtes des joyeux avènements furent dépensées pour l'entretien des remparts et pour la solde des mercenaires génois et vénitiens. Mais quand la plèbe byzantine se vit sevrée des réjouissances sur quoi comptait la frivolité de tous les badauds de l'Hippodrome, elle commença de murmurer. Et le mécontentement populaire, habilement exploité par la tourbe de démagogues que l'on voit toujours se mêler aux convulsions dernières des nations décadentes, devint une émeute, le 12 décembre 1452, lorsqu'en présence de l'empereur, le cardinal Isidore, évêque de Sabino, légat du pape Nicolas et sincère ami de Constantin Paléologue, voulut consacrer par une messe solennelle à Sainte-Sophie, l'union fraternelle qui aurait sauvé Constantinople et la chrétienté d'Orient.

Il n'y eut qu'un cri dans toutes les rues et ruelles de Byzance : « Le cardinal a célébré l'office avec du pain azyme... » Scandale... Anathème!... »

La chrétienté d'alors ne fit rien, ou presque rien, pour sauver du pillage et du massacre la ville impériale, forteresse avancée du christianisme européen en face des musulmans d'Asie. Vainement, du haut de la terrasse du palais des Blakhernes, le dernier César de Byzance assiégée, bloquée sur terre et sur mer, interrogea l'horizon de la Thrace et de la Pro-

pontide. La flotte des Vénitiens ne montra
point ses voiles blanches sous le ciel bleu dans
les lumineuses perspectives de la mer azurée.
La seigneurie de la sérénissime république de
Venise avait répondu par des formules de
courtoisie évasive aux sollicitations de l'ambassadeur grec, malgré l'intervention amicale
d'Antoine Diédo et d'Aloys Lorédan, sénateurs disposés à soutenir la cause des Byzantins en détresse. Rien ne venait non plus du
côté de la Hongrie, malgré la bonne volonté de
Jean Hunyade, voïvode de Transylvanie.

Dès lors le malheureux empereur, voyant
que tout était perdu, voulut du moins sauver
l'honneur de l'empire, afin de préparer pour
une échéance lointaine, mais sûre, les répa-
rations qui sont dues imprescriptiblement au
sacrifice volontaire et à l'héroïsme prévoyant.
Le dernier souverain de Constantinople résolut
de finir à la façon des héros antiques, les
armes à la main, et face à l'ennemi. Il avait
appris l'art de bien mourir en recueillant les
maximes et les exemples de ceux qui ont souf-

fert pour leur foi au temps où les derniers
survivants du stoïcisme devinrent les premiers
d'entre les chrétiens. Il savait que le don de
soi-même a des conséquences infinies. L'empereur vaincu n'a pas désespéré de sa patrie,
parce qu'il a vu que la tradition nationale
(l'*Idée*, comme on dit là-bas) allait fleurir plus
pure dans le sang de l'empereur martyr.

La veille de l'assaut final, il se rendit à
Sainte-Sophie pour y recevoir le sacrement de
l'eucharistie, sans cortège de thuriféraires,
avec la simplicité d'un soldat et la ferveur d'un
chrétien. Cette communion de l'empereur,
dans la vaste nef encore étoilée par les lampes
du sanctuaire, et déjà désolée par l'approche
de la catastrophe imminente, a été racontée
par le prêtre qui n'a pu retenir ses larmes en
consacrant l'hostie, symbole vivant d'immola-
tion surhumaine et de sacrifice divin.

On sait le reste, et comment Constantin
Paléologue, surnommé Dragatsès, à cause du
village de Thrace où sa mère était née, tomba
sur la brèche, entouré d'une poignée de braves,

assailli par des milliers d'ennemis, n'ayant gardé de sa parure impériale que les aigles d'or qui, brodées sur ses vêtements, gravées sur ses armes, firent connaître son cadavre à ceux qui vinrent après la bataille ramasser les morts.

On raconte que pendant les derniers jours de sa vie inquiète, peu de temps avant sa fin tragique, s'entretenant avec ses familiers, il leur parlait de Sparte, dont il fut le gouverneur. Il insistait sur les vertus fortes et simples qui assurent la durée des peuples et la solidité des empires. Et jetant un regard autour de lui sur Byzance amollie, dissolue, vouée à la ruine :

— Une longue épreuve, dit-il, nous est nécessaire. Notre nation, longtemps heureuse, n'a pas su mériter son bonheur. Il nous faut rapprendre l'effort, purifier nos âmes dans l'amertume des larmes, fortifier nos cœurs, dans l'attente du jour où la liberté renaissante ennoblira le front de nos descendants. Ce jour est lointain, hélas ! Que de souffrances, que d'humiliations avant cette aurore ardemment souhaitée! Combien des nôtres auront les yeux fermés par la mort, en cherchant à l'horizon chargé de nuages, l'aube de ce beau jour! Mais ce jour viendra, je le sais. Il viendra quand l'épreuve aura été suffisante pour la régénération et pour la délivrance... Alors le successeur de ce Mahomet qui s'empare aujourd'hui de notre cité impériale entendra des peuples rajeunis frapper à la porte Dorée et redemander l'héritage de l'empereur Constantin.

Chez le patriarche.

On vient de m'apporter des cartes de visite où j'ai lu des noms écrits en grec. Je me suis rendu aussitôt à cet aimable appel.

Ces visiteurs m'étaient envoyés par le patriarche de Constantinople. L'un d'eux appartenait au secrétariat particulier de Sa Sainteté. Les autres occupaient des postes de confiance dans les bureaux du patriarcat œcuménique. Je remarquai de prime abord qu'ils étaient presque tous très jeunes. Leur aspect me prouvait d'emblée que le vieil édifice de l'Église orthodoxe ne s'appuyait point sur des étais vermoulus. Du reste, ces jeunes gens n'avaient pas ce qu'on est convenu d'appeler la mine ecclésiastique. Ils étaient vêtus de correctes redingotes ou de jaquettes élégantes. Certes, ils étaient attachés par les liens du cœur et de l'esprit au clergé qui était depuis quatre siècles le gardien de leurs traditions et qui voulut rester à Constantinople après la conquête des Turcs pour maintenir sur les ruines de l'empire chrétien d'Orient l'imprescriptible protestation de la nationalité hellénique; mais on voyait que ces Hellènes modernisés vivaient volontiers dans la société laïque, industrielle et commerçante, où l'on peut observer de près l'antagonisme des passions et des intérêts sans qui les plus nobles idées ne sauraient aboutir au triomphe préparé par le sacrifice des héros et des martyrs, attendu par la patience des sages et des saints.

Je fus vraiment confus d'apprendre d'eux

10.

que Sa Sainteté avait daigné s'apercevoir de ma
venue dans la grande ville qui est le siège glorieux de son autorité spirituelle. Pourquoi cette
attention accordée de si loin et de si haut à un
modeste voyageur qui, totalement dépourvu de
majesté officielle, n'étant point signalé aux
puissances de ce monde par une de ces « mis-
sions » plus ou moins singulières que distribue
aux habitués des antichambres la faveur capri-
cieuse du pouvoir temporel, est venu à Constantinople uniquement pour prendre un nouveau *contact avec les grandes réalités idéales*
dont la pérennité survit aux éphémères résul-
tats des intrigues médiocres et des combinaisons
imaginées par les pauvres comparses des tragi-
comédies internationales? C'est que le patriarche Joachim, averti je suppose par les soins
d'une amitié discrète autant qu'efficace et vigi-
lante, a su que je fais partie à Paris de la Ligue
française pour la défense des droits de l'Hellénisme dont le comité se compose d'hommes
connus par leur bonne volonté généreusement
désintéressée. Je suis très honoré, en effet,

d'être en cette assemblée le collègue de plusieurs hommes éminents, qui diffèrent peut-être d'opinion sur certains sujets, mais qui sont tous unis par un commun amour de la justice et de la liberté. C'est à la généreuse propagande de la Ligue française pour la défense des droits de l'Hellénisme, que je dois cette marque d'estime d'un chef religieux pour qui j'ai toujours éprouvé le plus profond respect, et à qui je n'aurais jamais osé demander, de mon propre mouvement, une audience particulière.

Me voici donc revenu, après un assez long trajet en voiture sur les pavés cahoteux de Stamboul, au quartier du Phanar, au cœur de l'ancienne Byzance, dans cet aristocratique faubourg qui avoisinait le palais impérial des Blakhernes, et où l'on reconnaît encore, malgré les ravages de quatre siècles destructeurs, les hautes façades, les fenêtres historiées, les larges portes des demeures habitées jadis, au temps des Comnènes et des Paléologues, par les patriciens de l'empire d'Orient.

Nous nous arrêtons, mes compagnons et moi,

devant un portail dont les battants sont fermés.

— C'est par ici, me dit un des envoyés du patriarche, c'est par ici que l'on entrait autrefois dans la cour du patriarcat œcuménique. Mais, en 1821, le patriarche Grégoire a été pendu par ordre du sultan Mahmoud au linteau de ce portail. Les battants ne s'ouvriront qu'au jour marqué par la Providence pour l'expiation de ce crime.

Nous entrons, par une petite porte latérale. Le patriarcat est une maison spacieuse, mais très simple, et qui justement emprunte beaucoup de grandeur à cette simplicité vraiment évangélique. La cour est déserte. On accède, par un perron de quelques degrés, à un vaste vestibule où l'on est reçu par deux ou trois serviteurs ou *cavas*, habillés à la mode grecque. On gravit les marches d'un escalier commode, très doucement incliné. Et, sans qu'il soit besoin d'un plus long préambule, nous sommes installés dans une salle sommairement meublée de quelques fauteuils, de deux ou trois guéridons et d'un petit bureau...

Est-ce une salle d'attente? Mais non. La porte s'ouvre doucement, et nous voyons entrer sans bruit, comme une apparition soudain ressuscitée du fond des âges révolus, un grand vieillard paisible et pâle. Sa longue barbe est toute blanche. Sa longue robe est toute noire. Mais sur l'étoffe de cette robe sombre et unie, par où le patriarche de Constantinople entend s'égaler au plus humble des prêtres de son Église en deuil, brille un bijou incomparable, un joyau sans prix : l'aigle d'or aux ailes éployées, le symbole de l'empire chrétien d'Orient, transmis de siècle en siècle par une tradition ininterrompue, et que chaque titulaire du siège patriarcal de l'Église œcuménique transmet à son successeur comme le gage inaliénable d'un tragique souvenir et d'une magnifique espérance.

Le patriarche Joachim fait signe, d'un geste affectueux, à l'un de ses serviteurs. On nous sert à la mode du pays, le *glyko*, c'est-à-dire de la confiture à la rose et de l'eau très pure en des coupes de cristal. Quelques gorgées de

ceci, quelques cuillerées de cela. L'antique politesse de l'hellénisme veut que la conversation
ne commence qu'après cette légère libation.

Le patriarche nous adresse, à mes amis et à
moi, ses souhaits de bienvenue. Il parle d'une
belle voix grave et harmonieuse, avec des
inflexions musicales, en un grec très pur. J'ai
l'impression que saint Grégoire de Nazianze,
saint Jean Chrysostome et le cardinal Bessarion
devaient exprimer de cette façon leurs sentiments et leurs pensées. Je voudrais sinon traduire, du moins résumer ici les paroles que
prononça le patriarche dans cette entrevue où
notre respect s'accroissait en raison même de
l'émouvante familiarité de son accueil.

— Messieurs, nous disait-il, je ne suis qu'un
pauvre prêtre, l'humble pasteur d'un troupeau
captif. Je ne dispose d'aucune puissance temporelle. Mon existence est précaire, ma position est difficile. Je dépends, à chaque instant,
des caprices d'un pouvoir qui est étranger à ma
race, à ma religion, à ma nation. Puisque vous
connaissez l'histoire de mes prédécesseurs, vous

savez quelles ont été leurs tribulations, leurs angoisses, leurs agonies. Cependant ils n'ont jamais désespéré. Leurs suprêmes conseils, en approchant de la tombe où j'irai bientôt les rejoindre, furent destinés à encourager, à réconforter les fidèles. Et moi aussi, j'ai foi dans l'avenir.

Le patriarche se recueillit un instant, comme pour trouver dans son éloquence admirablement persuasive ce qui pouvait toucher le plus profondément nos esprits et nos cœurs. Et d'un ton posé, d'une voix souverainement calme, il ajouta ces simples mots :

— Messieurs, vous êtes Français. Vous avez l'honneur d'appartenir à une nation idéaliste. Vous devez me comprendre, mieux que personne au monde... Je représente une idée. Et voilà ce qui me donne, dans ma faiblesse matérielle, une force incalculable. La vertu de l'idée sera, tôt ou tard, victorieuse de la brutalité du fait accompli. Les forces morales sont invincibles. Rien ne saurait prévaloir contre l'idée. Elle est vivante. Elle est immortelle. C'est elle qui nous soutient depuis quatre siècles. Je m'estimerai heureux et digne d'envie, si mes yeux, avant de se clore, peuvent découvrir aux clartés radieuses des aurores prochaines les signes annonciateurs de son triomphe et de notre libération.

Ainsi parlait Joachim, patriarche de Constantinople, tandis qu'un rayon de soleil, traversant une vitre claire, faisait resplendir sur sa poitrine drapée de noir le bijou merveilleux, l'aigle d'or, légué aux successeurs de saint Jean Chrysostome par les héritiers de l'empereur Constantin.

Au milieu du Tout-Péra.

Très curieuse, cette aristocratie franco-anglo-germano-gréco-arméno-cosmopolite qui fait de Péra une si divertissante succursale de la tour de Babel.

Dans la capitale des Ottomans, dans cette mêlée internationale, dans cette diversité de

cultes et ce mélange de races qui s'amalga-
ment sans se confondre, il y a une petite ville
provinciale, un Landerneau d'Orient, un centre
de commérages, de papotages et de cancans,
à rendre jalouse la plus loquace de nos sous-
préfectures : c'est le « Tout-Péra. » La population de ce chef-lieu d'arrondissement n'a pas,
à vrai dire, la cohésion de nos centres berri-
chons ou picards. A première vue, dans les
visages qui passent, on sent des différences
d'origine. Cette face mate, aux yeux de jais,
encadrée d'une barbe presque bleue à force
d'être noire, a quelque chose de romain, ou,
si vous aimez mieux, de roumain. Voici un
chapeau haut de forme, soigneusement lissé,
la blancheur d'un faux-col excessivement raide,
d'où sort une tête pommadée, comme un bou-
quet sort d'un cornet de papier... Est-ce un
jeune Byzantin qui passe ? Tel autre, Français
ou Italien, est le rejeton d'une famille latine,
arrivée ici, on ne sait par quelle série d'aventures ; peut-être descend-il d'un de ces croisés
qui firent flotter les étendards de l'Occident

latin sur les murs de Byzance. Mais le dur
compagnon de Baudouin méconnaîtrait sa race.
Au cours des générations successives, comme
une monnaie qui passe de main en main et qui
perd la claire saillie de son empreinte, le type
s'est adouci, les traits se sont effacés et fondus
en une expression faible et morne. Le climat
est trop doux. Le charme enveloppant de ce
ciel est trop amollissant. Les races du Nord,
elles-mêmes, y perdent leur vigueur première.
L'Anglo-Saxon lui-même, professeur d'énergie
et mangeur de bœuf cru, l'Anglo-Saxon athlé-
tique et sportif qui vient ici après avoir largement piétiné de ses pesantes semelles de *globe-
trotter* les cinq parties du monde, perd peu à
peu, sous ce délicieux climat, la vigueur de ses
coups de poing, de ses coups de pied et les
passions rapaces de son âme combative. Il
cède au charme ambiant. Il est désarmé, lui
aussi, par la douceur invincible qui a vaincu
tous les conquérants de Constantinople. Un
niveau commun, qui atténue les différences
trop tranchées, en laissant subsister toutefois

la nuance particulière à chaque type, semble avoir passé sur les Grecs, les Arméniens et les Français qui habitent Péra ; tout ce monde forme une nation particulière : les Pérotes.

La bonne société de Péra s'habille et se chapeaute volontiers à la mode de Paris, joue du piano, s'exerce aux chinoiseries bien parisiennes du puzzle, pédale à bicyclette, manie le volant des autos, parle l'argot de nos faubourgs mieux que les plus charmantes personnes de notre meilleure compagnie, fredonne les derniers refrains de Montmartre, s'exerce aux difficultés de la diplomatie, craint les microbes, entreprend des réformes sociales, s'amuse presque toujours et sait quelquefois s'ennuyer comme il convient à une colonie civilisée qui n'a rien à envier aux plus antiques nations de l'Occident.

Landerneau a son mail, Carpentras a ses promenades publiques. Péra a le jardin des Petits-Champs. Mettez-y, par hypothèse, des nourrices enrubannées et de bons troupiers, gantés de fil blanc, — chose inconnue en

Turquie, — et vous aurez, en entendant l'orchestre lancer impétueusement vers le ciel les
notes vibrantes des *Chevaliers de la Lune,*
l'illusion de vous croire en un Quimper-Co-
rentin du Levant. Tout le monde se connaît.
Les coups de chapeau et les poignées de main
à distribuer sont innombrables. Seuls, les fez
posés sur la grosse tête des Arméniens, et par-
semés dans la foule des chapeaux sombres,
jettent une note exotique dans ce milieu délicieusement bourgeois.

Cette petite ville a sa grand'rue, la rue de
Péra. A vrai dire, c'est la seule où l'on puisse à
peu près marcher sans risquer de se rompre le
cou. Vous ne pouvez vous dispenser d'y passer
au moins dix fois par jour. Aussi, à moins de
dépister la curiosité publique par des ruses
policières, dignes de Sherlock-Holmes ou des
espions d'Abd-ul-Hamid, vous êtes sûr que
tout le monde est exactement renseigné sur vos
allées et venues ainsi que sur vos faits et
gestes. On m'a conté que plusieurs Européens
sont allés se loger chez les Turcs, à Beicos ou

à Kalender, ne pouvant supporter, à Péra, les curiosités indiscrètes dont ils sentaient bruire autour d'eux, dans tous les dialectes et tous les sabirs d'Orient, le sempiternel caquet.

Les hommes passent généralement la soirée à la brasserie. Là, entre deux bocks, on s'entretient des plaisirs du dimanche passé, et des récréations projetées pour le dimanche prochain.

Les journaux du cru, en dehors de leurs directeurs et rédacteurs ordinaires, — qui sont souvent, il faut le dire, des hommes fort distingués, — ont une foule de rédacteurs bénévoles. Des jeunes gens oisifs, des professeurs écrivassiers et beaux-esprits, des employés qui ont lu, entre leurs heures de bureau, des chroniques boulevardières et qui les ont trouvées exquises, se sentent taquinés par le besoin d'écrire à leur tour. Ils consacrent leurs veilles à calligraphier quelques pages bien « parisiennes », un premier Péra, une chronique ou des nouvelles à la main pour un « phare » rouméliote ou un « moniteur » macédonien. Abondance de copie ne nuit pas. Les feuilles locales, bonnes filles et avenantes, ne refusent pas cette aubaine, si peu savoureuse qu'elle soit quelquefois.

Le faubourg de Péra a ses poètes. On voit apparaître de temps en temps, aux vitrines des librairies, de petites plaquettes ornées de frontispices où des amours entrelacés voltigent dans les nuages roses. Ces « bouquets à Iris », ces « madrigaux à Clorinde » et ces « sonnets à la princesse » sont fort surannés, comme la pâle copie du vieux pastel.

Je sais un vieux monsieur, correctement vêtu et de mine respectable, qui écrit d'ordinaire, des articles de grammaire et des consultations de beau langage. On m'a dit qu'il était quelque peu jacobin. Je n'en serais pas surpris. Avez-vous remarqué qu'en général les jacobins sont très puristes ? Leur esprit absolu, renfermé dans des doctrines rectilignes, garde toujours un peu la manie de proscrire et d'excommunier ; quand cette manie ne s'applique plus à des hommes de chair et d'os, elle s'exerce, — ce qui est plus inoffensif, — sur de malheureuses locutions qui, après tout, ne sont pas plus mauvaises que d'autres. Le vieux monsieur de Péra applique la loi des suspects avec une implacable persévérance, aux tournures vicieuses, aux hellénismes, latinismes, pérotismes, qui abondent dans le langage local. Il fait la police avec acharnement ; il exige de chaque mot un passeport en règle et un certificat de civisme, il est d'office l'accusateur public des intrus et des fourvoyés.

Comme dans toutes les villes de province, les feux s'éteignent vers dix heures. Quelques débauchés restent dehors jusqu'à onze. Mais ceux-là sont montrés au doigt et jugés comme ils le méritent. Les distractions intellectuelles sont rares. De temps en temps, une troupe de comédiens passe, et joue au Théâtre municipal ; un prestidigitateur donne une soirée ; un conférencier conférencie ; un magnétiseur opère sur un sujet plus ou moins préparé ; ce sont des événements. Le reste du temps s'écoule dans la monotonie des soirées toujours pareilles. Il y a bien deux ou trois cafés-chantants ; mais ce sont des lieux de perdition où ne fréquente pas la bonne compagnie ; c'est le rendez-vous des garnements du lieu et des étrangers de passage. Les figures inquiétantes y voisinent fraternellement avec les bonnes faces rougeaudes, épanouies sous le casque anglais. Je me garderai d'en dire davantage, cela me ferait supposer que j'y suis allé.

Péra, 24 septembre.

Il pleut. — A Londres, où l'on vit le parapluie en main, à Paris où le ciel nuageux est trop souvent gros de menaces, la pluie n'a rien d'effrayant ni d'anormal. On se fait une habitude de compter avec elle. L'éventualité d'une averse entre dans les prévisions de la journée. On ne quitte jamais son logis sans prendre les précautions d'usage. Le parapluie est une arme défensive ou — à l'occasion — offensive, dont nos gens ne se séparent pas volontiers. D'autre part, le service municipal est

en guerre quotidienne avec le fléau, il drague
les boues, canalise les torrents, dessèche les
flaques. Dans les villes d'Orient, habituées
aux caresses du soleil, la pluie a quelque chose
d'énorme et d'effarant. D'abord elle défigure
complètement ces villes fortunées, en altère la
grâce, en anéantit la beauté. Sous la pluie,
Stamboul n'est plus qu'un pâté de maisons
sales et grises, la tour du Séraskier se désole,
les minarets pleurent, les dômes ruissellent,
Péra n'est plus qu'une coulée innombrable de
fleuves boueux, chaque rue est un torrent
noir. L'eau furieuse, ne trouvant sur son passage ni gouttières ni caniveaux, ni égouts,
glisse le long des toits et tombe en cascades
sur la tête des passants, s'amasse, le long des
rues, stagne en étangs infranchissables, s'at-
tarde aux creux du pavé, et descend par une
course vertigineuse, jusqu'à la Corne d'Or,
ainsi transformée en un vaste dépotoir de vase
et de détritus.

Pour me désennuyer, j'ai regardé les images
du *Voyage* de Choiseul-Gouffier, qui fut ici le

dernier ambassadeur de l'ancienne monar-
chie française. La Turquie apparaît dans ces
gravures avec tout l'appareil sauvage, tout
le luxe barbare de ses belles armées : villages d'Asie-Mineure, où les voyageurs sont
reçus magnifiquement par de riches agas,
cavalcades d'escadrons dans les grandes plaines, grands ports où les caïques apportent
à foison des richesses de l'Occident. D'où vient
que ce pays est aujourd'hui si découragé et que
ses ports sont si misérablement défendus? Les
vues de Constantinople sont fort belles : c'est
la Pointe du Sérail et ses verdures, la Corne
d'Or et le va-et-vient de ses caïques, le paradis
des Eaux-Douces, la place d'At-Meidan, les
innombrables mosquées qui hérissent sur le
ciel fin leur forêt de minarets. Puis, c'est le
défilé baroque des fonctionnaires et hauts dignitaires de l'empire, énumérés comme au
temps du protocole byzantin : le prince de
Moldavie, avec sa longue robe fourrée et son
panache de plumes, le *Kizlar-aga*, (le « capi-
taine des filles ! ») en turban et ample man-

teau ; le *Bostandji-bachi*, le *Solak-Peïck* et son
carquois de flèches, le *Bach-Tchaouch* et l'éventail de plumes qui s'épanouit sur son casque, le
Sakkabachi, bizarre avec toute la quincaillerie
précieuse de son costume compliqué. Cette
pompe est à la fois magnifique et burlesque.

Cependant, il y a dans cette collection une
image qui est prophétique. C'est une vue du
port et de la ville de Tchechmé. La ville, en-
serrée dans un rectangle de rudes fortifications,
étage sur le penchant de la colline ses maisons
plates, ses dômes démâtés, défoncés pendant
la grande bataille, ses tours. Dans le port, des
vaisseaux misérablement échoués se balancent
sur la vague : planches disjointes de frégates
broyées, carcasses à moitié submergées par la
houle, proues dorées, que la mer ronge. Le
grand empire turc commence déjà à laisser derrière lui des épaves. Le canon des Slaves
ébranle cette énorme machine, qui semblait si
robuste. Encore quelques années, et de toute
la puissance de Soliman, il ne restera, malgré
les efforts de quelques hommes de sens et de

courage, qu'une nation désemparée et sans boussole, errant, à l'aventure, d'une alliance à une autre, tombant d'échec en échec, jusqu'à l'impuissance et au dénuement. Observons toutefois que les Arabes étaient déjà en décadence au onzième siècle. Les décadences peuvent durer très longtemps, dans une espèce d'enlisement moral, un glissement vers une hébétude éblouie, une aspiration vers le néant qui attire... Et l'on songe à ce que sera peut-être la fin du monde, lorsque les derniers hommes, adoucis, alanguis par le monotone renouvellement de l'expérience et de la désillusion, n'auront même plus la force d'espérer et n'adopteront que des éthiques négatives. De l'immobilité, du silence, de la mort, mais de la mort très douce, très lente, de l'*euthanasie*, comme disaient en Grèce et à Rome les moralistes décadents.

Péra, 25 septembre.

Il pleut toujours. Je lis, pour me désennuyer et pour m'instruire.

L'empire ottoman, toujours protégé par les diplomates et par les financiers, a presque perdu la faveur des poètes.

Toutefois un éloquent avocat a pris la défense de la Turquie moderne : c'est Lamartine. Son *Histoire de la Turquie* est, avant tout, l'œuvre d'un poète, le produit spontané d'une imagination puissante, vivement séduite par tout ce qui est nouveau et mystérieux. Ce n'est pas l'œuvre d'un historien de profession : l'auteur ne fait guère que suivre, pas à pas, pour les faits matériels, le grand ouvrage du baron de Hammer... Il a cru à l'efficacité des réformes du sultan Abdul-Medjid ; et il raconte avec attendrissement l'époque idyllique du Tanzimat, inauguré par le hatti-chérif de Gul-Hané.

Le style est superbe, d'une belle venue, d'une facilité royale. Certaines périodes se déroulent lentement avec une grâce et une aisance incomparables. Lamartine n'est pas un serré, un précis ; il laisse courir sa plume au gré de son inspiration, toujours féconde. Son style y perd en fermeté et en concision. Mais il y gagne de l'élan, de l'abondance, de l'ampleur. De plus certaines pages ont un vif accent de générosité et de conviction. Certaines expressions sont fortes et neuves. On pourrait citer bien des détails pittoresques, finement vus et exactement rendus. Les apôtres de l'érudition ennuyeuse, les faiseurs de fiches auront beau faire : les poètes seuls ont de ces visions subites qui soudain font voir clair dans la noirceur du passé.

Et, malgré tout, on ne peut étudier ce malheureux pays sans constater l'incurie qui frappe de stérilité cette terre opulente, ou du moins qui diminue si considérablement sa puissance de production, les exactions du fisc qui ruine le peuple et qui lasse et décourage les meilleures volontés... Tout est à faire dans cet empire ruiné par le mal intérieur d'une administration mauvaise, d'une régie financière désorganisée, d'une armée de fonctionnaires qui le pillent et le dévorent. Le massacre des janissaires, effroyable saignée, n'a pas suffi au rétablissement de l'homme malade. Il y faudrait la suppression des voleurs publics, des percepteurs d'impôts arbitraires et des accapareurs de bakchich. Quel est le sultan qui osera tenter une telle entreprise? Quelle belle œuvre à faire, quelle bonne action à tenter pour un homme d'État, que celle qui eût consisté à sauver cette malheureuse nation, à la tirer du découragement, de l'énervement et de la torpeur!… Malheureusement il est trop tard. Le mal est trop avancé. Stamboul est tombée plus bas que Byzance. Et maintenant la désespérance silencieuse et digne, le fatalisme fier et résigné tuent lentement ce peuple. Il meurt, méprisant le giaour qui l'abat, se courbant d'avance sous les décrets de la Providence, acceptant sans mot dire l'arrêt inéluctable du Destin. Il serait étonné que quelqu'un osât aller contre, se mettre en travers des événements qui se précipitent.

— Nous sommes des Tartares, me disait Méhémet-aga, dans un bourg de Karamanie où il m'offrait la plus cordiale hospitalité. Envoyez-nous des femmes d'Europe, pour élever nos enfants dans les idées nouvelles. Je veux mettre ma fille à l'école; ma femme me fait la guerre sur ce point, disant que je veux en faire une fille de raïa...

Qu'il est difficile de se représenter l'âme d'un Osmanli, d'imaginer les sentiments qui s'agitent dans ces cervelles taciturnes et apathiques, de voir comment le dernier villageois des vilayets asiatiques se fait une opinion, se façonne une manière de voir sur les événements dont il entend le lointain écho! Après tout, la plupart n'en pensent pas très long sur cette matière. Une natte où ils puissent s'asseoir, de l'eau bien fraîche, du tabac bien coupé, — et de contrebande autant que possible, — la fumée odorante d'un chibouque ou d'un narghilé, quelques sorbets, du bois d'aloès à brûler, des parfums d'ambre et des essences de rose à respirer, une sécurité viagère exempte d'impôts et de corvées, voilà peut-être leur idéal sur terre. Après cela, le reste leur est indifférent.

Le fatalisme oriental supporte avec une incroyable philosophie la mort des hommes et la fin des choses.

Péra, 26 septembre.

Il y a ici beaucoup de Bulgares. L'un deux, le docteur X... qui fut président de l'assemblée de la Roumélie-Orientale et ministre, raconte certains faits curieux. L'armée bulgare a une bonne organisation et surtout un admirable esprit de discipline. Voici un trait qui le prouve. Un jour, un incendie éclate dans une ville. Deux sentinelles bulgares étaient en faction dans un endroit où le feu ne pouvait manquer d'arriver très vite. Des officiers passèrent, et crièrent aux deux soldats de quitter leur poste. Or, d'après le code militaire, un factionnaire ne peut être relevé que par son caporal; il ne reconnaît pas, tant qu'il est sous sa guérite, d'autres supérieurs. Pour je ne sais quelle cause, le caporal ne vint pas. Les deux sentinelles furent brûlées vives, l'arme au bras.

Un tour au bazar.

Le bazar des drogues (*missir-tcharchi*) est un long entre-croisement d'étals et de boutiques de toutes sortes, nichés dans une vieille construction voûtée, sorte de tunnel, où le jour pénètre par deux rangées parallèles de fenêtres rondes placées très haut. Dans le clair-obscur de cette demi-lumière, digne de tenter le pinceau de Rembrandt, on voit des figures d'alchimistes à barbe jaune et à nez crochu derrière des rangées de bocaux et de vases où s'étalent les parfums les plus capiteux, les poudres les plus étranges, les substances les plus rares et les plus vénéneuses, distillées par des alambics de sorciers. Un nuage subtil d'émanations composites vous monte au nez. Toutes les odeurs de l'Asie-Mineure, de la Syrie et de la Judée vous enveloppent et vous pénètrent. Le laboratoire du

docteur Faust devait exhaler de ces relents
étranges. Dans cette pharmacie infernale, sous
le jour de souffrance des soupiraux, on craint de
tomber raide, tué par quelque fumée satanique.
Ou bien on se sent glisser dans une sorte de
langueur... On est grisé par les fumées de
l'encens javanais que les docteurs arabes
nomment benjoin. On est enivré par les aromes
de la myrrhe et du cinname d'Arabie. L'Orient
tout entier vous monte au nez en fumées de
pastilles du sérail, pour vous verser ses
ivresses compliquées... Ces poudres jaunes et
grises ont l'air mauvais. Ces bâtons de soufre
font peur, ces fruits, gonflés par la sève trop
forte des flores torrides, donnent une espèce
d'inquiétude. Voici l'abelmosc ou graine
d'ambrette la résine odorante du balsamier de
Ceylan. On comprend que des peuples satu-
rés d'illusion par ces odeurs, surchauffés par
des climats ardents, aient ébauché, dans leurs
songes vagues, des rêves de volupté et de sang,
d'amour et de mort.

Cet afflux de parfums exotiques évoque

un mirage de demi-visions, très lointaines. On entrevoit des bouts de désert et des profils de palmiers, des coins de forêts vierges, regorgeantes de sève et de vie, des fleurs superbes, des grappes de fruits rouges becquetés par des oiseaux aux ailes diaprées. Ou bien on aperçoit des scènes de harem, là-bas dans quelque ville inconnue de la Perse ou du Béloutchistan, des femmes aux robes lâches, aux yeux languides, glissant en babouches traînantes sur les dessins capricieux des tapis lourds. Cet appel de sensations est imprévu. On est à mille lieues du temps présent, de notre civilisation rigide, de nos tempéraments sobres de l'Occident. On entre dans les sentiments de l'âme orientale. On conçoit l'éclosion des songes sans fin et des poèmes fleuris, le goût du kief et du demi-sommeil, l'amour du repos sans trouble, les yeux mi-clos poursuivant quelque forme fugitive, insaisissable. Même les marchands qui vendent ces choses semblent participer à cette torpeur. Ils sommeillent derrière leur étal, n'interpellent point le passant. Pour retrouver la vie, le mouvement, le bruit de la foule, et les formes précises, il faut sortir de cette officine, et errer dans les ruelles étroites et tortueuses du Grand Bazar.

Chaque corps de métier a son *bezestin* à part, dans ce dédale de ruelles, dans ce royaume de lucre, où triomphe la brocante. Ici ce sont les marchands d'antiquités et de riches étoffes, ceux qui vendent un peu de tout, depuis les riches tapis jusqu'à la vulgaire essence de rose et à l'eau de cerise. Ils vous hèlent au passage, sortent de leurs niches, vous prennent par le bras, malgré vous, vous font entrer, de force, dans leurs boutiques. Alors ils déplient leurs broderies, étalent leurs armes damasquinées, font les honneurs de leur bric-à-brac avec un flux de paroles intarissables :

— Voyez ! Ceci est boulgare, monsieur, je le garantis. Cette broderie est boulgare. Dans un autre magasin vous la paierez le double. Mais pour entrer en affaires avec vous, je vous la vendrai, pas cher.

Il faut imaginer l'accent exotique, les yeux

caressants, les mines flatteuses, le pli donné d'un revers de main à la broderie, pour en faire chatoyer la soie, scintiller les paillettes et les cannetilles d'argent ou d'or. Ils étalent par terre de grands tapis, aux couleurs voyantes et variées. Plusieurs de ces carpettes sont d'un dessin charmant, d'une coloration exquise. L'étoffe lustrée a des cassures de soie ; le tissu est lourd et moelleux. Ces tapis se sont déroulés pour la longue paresse des siestes orientales. La lumière est comme amortie et étouffée par les nuances anciennes et passées, les ors éteints, les rouges atténués, les bleus adoucis. Puis c'est le défilé des armes : petits couteaux d'acier, effilés comme des aiguilles, légers, jolis et méchants, avec leurs manches d'ivoire ou de jade, et leurs gaines incrusées de pierres précieuses ; sabres fins et recourbés hardiment, comme le fier paraphe d'une signature sarrasine ; kanghiars larges et meurtriers, faits pour couper les têtes d'un seul coup ; vieux fusils à la crosse criblée de rubis et d'émeraudes. A travers tout cela on vous présente des écharpes brodées, en mousseline de Mossoul. Le dessin de ces passementeries est capricieux, bizarre, insensé. Paillettes sur paillettes, soie sur soie, lignes heurtées, sans raison, sans dessin préconçu. Peu importe... cela est clinquant, scintillant, chatoyant, bien divertissant. Puis ce sont les vêtements anciens : caftans de popeline rose, orangée, violette ou bleue, brochée de longues raies d'or, gilets de satin cramoisi, de taffetas zinzolin, de bocassin jonquille, de récamet grenat ou de camocan lilas, robes de femmes, ramagées de floraisons d'argent, nippes ensorcelées par un mirage de légendes, toute la comique et superbe défroque de la vieille Turquie. Ce vestiaire est un musée. On y resterait des heures, à regarder, comme un enfant, pour le plaisir de voir.

Plus loin, ce sont les marchands d'escarpins, de sandales et de babouches. Aux étalages des boutiques, pendent, en grappes folles, les plus invraisemblables chaussures : babouches bleues, rouges ou violettes, diaprées d'or comme des ailes de papillon, brodequins en pointe, ornés au bout d'une petite houppe ; pantoufles persanes, patins turcs, haut montés sur leurs deux pieds incrustés d'ivoire, — ailleurs, c'est le bazar des vêtements neufs : Brousse y envoie pour les harems de Stamboul, de longues gandourahs transparentes, qui pendent aux devantures, les bras étendus, dans une attitude lamentable, et de longs peignoirs de bains, semblables à des burnous. Dans les boutiques des tailleurs, on vous présente d'adorables petits costumes turcs pour les enfants. Ce sont de courtes vestes, puérilement chamarrées, avec un soleil dans le dos, des culottes bouffantes, de petits gilets de cérémonie pour des zeybecks minuscules, des bachi-bouzoucks en lisière, et des janissaires au maillot.

Les négociations et chicanes se font dans tous les charabias et baragouins, y compris le petit nègre, sur un ton gai et joyeux. Le marchand vous propose des prix énormes, ridiculement majorés. On se récrie avec bonne hu-

meur. On offre un peu moins de la moitié de
la somme exigée : l'affaire n'est pas encore
faite, mais on est à peu près sûr de ne pas
sortir de la boutique, sans être allégé de quelques medjids, dinars, maravédis ou sequins.
On se dit en entrant : « Bah! Je vais toujours
entrer pour voir. Je n'achèterai rien. » On en
sort chargé comme monsieur Perrichon en
voyage. On a un sabre sous le bras droit, un
tapis roulé sous le bras gauche, dans les mains,
des soucoupes de filigrane, des bracelets en
bois d'aloès, des flacons d'essence de rose,
sans compter la pacotille des portefaix, qui
vous suivent, pliant sous de nombreux far-
deaux. Il n'y a pas à dire, on est obligé de
céder. Ces trafiquants sont d'une persistance
par où les plus réfractaires se déclarent vaincus. Je ne connais pas de nerfs assez bien en-
durcis pour résister à cet assaut de paroles.
Leur amour de la vente arrive jusqu'à une
sorte d'éloquence mercantile. Ces brocanteurs
sont de profonds psychologues. Ils connais-
sent l'art de convaincre, de plaire ou de chiper.

Ils ont une méthode spéciale, qui n'appartient qu'à leur confrérie. On s'assied, malgré soi, vaincu, lassé. On est halluciné par le miroitement des tissus précieux, ébloui par l'entrelacement scintillant des broderies et des ciselures, et inconsciemment sans y penser, on achète toute sa boutique au brocanteur triomphant, qui empoche piastres, tomans et livres turques.

Au Caravansérail des Persans.

Mirages de paradis.

Près des labyrinthes du Grand Bazar se trouve Validé-Han, vaste caravansérail, où sont établis de nombreux marchands, presque tous Persans. Antoine Galland, le délicieux et bienfaisant traducteur des *Mille et une Nuits*, rapporte qu'il allait souvent s'asseoir et fumer son narghilé dans ce caravansérail, afin de s'initier à la sagesse de la nation persane.

Les Persans ont un air grave et un costume sévère. Ils portent en général une sorte de

redingote noire plissée à la taille et un bonnet
de fourrure, également noir. Ils ont de la
tenue. Leur aspect général est propre et soigné,
leur teint est brun. Leur allure est lente. La
Perse est le pays du monde où l'on chemine
le plus lentement. Même en Orient, où personne
n'est jamais pressé, les Persans excitent l'admiration parce qu'ils sont incroyablement
lambins. Le galop d'un cheval leur fait l'effet
d'une allure presque inconvenante. Le trot
leur semble excessif. Consultez les voyageurs
français qui sont allés dans les États du sophi
et du chah pour notre plaisir et notre profit :
le chevalier Chardin, Jean Thévenot, Antoine
Olivier, Picault, le colonel Gaspard Drouville,
le comte de Gobineau... Tous ces pèlerins véridiques vous diront que la Perse est la terre
classique des piétons sans hâte et des cavaliers
exempts d'impatience. Heureux pays, où l'on
n'est jamais en retard, parce que d'un commun
accord, personne n'est jamais obligé d'arriver
à temps !

L'aiguille semble ne point marcher sur le

cadran des pendules, à Kazeroun, à Chiraz, à
Ispahan. Et de fait, en ces cités reposantes, les
pendules sont souvent arrêtées. A quoi bon
savoir l'heure, lorsqu'on n'a rien à faire, et
que les journées se passent tranquillement,
délicieusement, dans la cueillette des roses?
Les gens qui n'ont pas peur de manquer le
train sont de grands philosophes, parvenus à
un éminent degré de félicité. Mais, chez nous,
on ne peut pas échapper à cette peur, à cette
espèce de phobie, qui trouble sans cesse
nos plus heureux moments, et nos plus sublimes extases. Là-bas on n'est jamais pressé
de partir, puisqu'on ne tient pas du tout à
arriver. Si on n'arrive pas, qu'importe? On
savoure les jouissances de l'imprévu, les
longues haltes à mi-chemin, les siestes indé-
finiment douces, que hantent des rêves para-
disiaques.

Et pourquoi s'en aller? On est si bien à
Chiraz pour respirer l'odeur des orangers, et
à Ispahan, pour cueillir des roses, sans doute
pareilles à celles qui embaumaient le paradis

terrestre? L'immuable sérénité de l'Orient nargue les années et les siècles. Depuis Adam et Ève, on a fait très peu de « progrès » dans ces pays-là. On s'y promène, on y voyage, on y dort comme au temps des patriarches. On découvre, dans les jardins d'Ispahan, d'innombrables sources de Jouvence, parmi des ruines si vieilles, que les hommes, à côté, paraissent toujours jeunes.

Qui donc pourrait s'inquiéter de l'heure, en cette contrée où les professeurs enseignent à leurs élèves que toute affaire urgente est nécessairement ennuyeuse, et que par conséquent on doit la remettre au lendemain?

Les musulmans de Perse affirment par leurs moindres gestes et par les plus menus détails de leur costume le mépris qu'ils éprouvent pour nos empressements fébriles. Habillez-vous à la mode persane : je vous défie, après cela, d'être trop exact à votre bureau, trop ponctuel dans vos visites, trop agile dans vos démarches. Les Persans, généralement coiffés de bonnets pointus, en peau d'agneau à toison noire, sont

quelquefois vêtus d'une longue robe qui tombe
sur leurs talons. Sous cette robe, ils ont une espèce de paletot en indienne ouatée. Leurs chemises sont en soie, très courtes, sans collet,
fendues sur le côté droit et bordées d'un petit
cordonnet de couleur aimable. Leurs pantalons, très larges et bouffants, sont en taffetas
rose ou en satin cramoisi. Les paysans de la
Perse ne portent point de souliers en cuir. Ils
aiment mieux les pantoufles.

Les Persanes seraient fort embarrassées pour
pédaler sur des bicyclettes, ou même pour es-
calader le marchepied d'une automobile, attendu qu'elles sont emmaillotées d'un accoutrement qui répugne aux sports. Leur vêture
consiste d'abord en une camisole de mousseline brodée, très fine, avec deux ou trois
rangs de petites perles qui bordent le tour du
collet.

Ces camisoles, ouvertes vers le milieu de la
poitrine, mais soigneusement fermées au cou
par un bouton d'or garni de perles ou de
pierreries, retombent sur des pantalons de

zouave à peu près pareils au « chalvar » des femmes turques.

Une veste en satin ouaté, une étrange redingote, prodigieusement décolletée, une paire de sandales en velours et un haut turban de cachemire complètent l'ensemble de ces vêtements d'intérieur. Lorsque les Persanes vont se promener dans les villes ou à la campagne, elles sont obligées d'ensevelir leurs charmes sous de triples voiles qui les font ressembler à des apparitions plus mortes que vives. Un immense linceul en toile de coton, qui pend jusqu'à terre, et qu'on nomme « chadera », c'est-à-dire tente, s'attache sur la tête de ces pauvres femmes, se resserre au cou par un fâcheux système de cordonnets et de coulisseaux, et enferme le corps tout entier, qui, ainsi affublé, n'a plus que l'aspect lourdaud d'un paquet informe. Ce n'est pas tout : le visage des Persanes est masqué par une cagoule, qui s'appelle « roubend », et dont les trous, à la hauteur des yeux, ne laissent passer le regard qu'à travers un treillis en forme de filet ou de dentelle. Les Persanes sont des prisonnières qui traînent partout leur prison avec elles. Leur marche est lente, car elles ont les pieds engoncés dans de larges bottes de feutre...

Un savant orientaliste que j'ai rencontré dans mes visites au caravansérail des Persans, me fait observer que Mahomet, dans son Coran, n'ordonne point du tout que les femmes soient emmaillotées comme des momies. Pourquoi donc vouloir être plus mahométan que Mahomet? En passant à Kaswyn, à Téhéran, à Ispahan, à Koum, à Recht, cet orientaliste à vu des mollahs qui prétendaient enseigner la sagesse aux croyants que gouverne l'étonnante administration du chah de Perse. Ce sont ces mollahs qui sont responsables de la claustration et de l'accoutrement des Persanes. Ils ont fait croire à leurs ouailles qu'un honnête homme doit cacher sa femme, parce que les femmes sont des êtres inférieurs et que la vue seule en est insupportable aux gens bien élevés...

Je n'ai pu m'empêcher de dire au savant orientaliste :

— Ils sont invraisemblables, vos mollahs !

— Ne plaisantez pas, me dit le savant orientaliste, ce sont les Persans qui ont, paraît-il, inventé le Paradis, et qui en ont révélé la notion au peuple d'Israël dans le temps où Esther devint l'épouse d'Assuérus. Du moins, Ernest Renan nous l'indique avec son scepticisme exquis, au chapitre onzième de la *Vie de Jésus* : « Un vieux mot, paradis, que l'hébreu, comme toutes les langues de l'Orient, avait emprunté à la Perse, et qui désigna d'abord les parcs des rois achéménides, résumait le rêve de tous : un jardin délicieux où l'on continuerait à jamais la vie charmante que l'on menait ici-bas. » M. Gaston Maspero nous confirme ce point au troisième tome du bel ouvrage qui s'intitule *Histoire ancienne des peuples de l'Orient classique* : « Darius… choisit les satrapes dans toutes les classes de la nation, parmi les pauvres comme parmi les riches, parmi les étrangers comme parmi les

Perses, mais il ne confia les satrapies importantes qu'à des personnages alliés par le sang
ou par un mariage à la famille achéménide,
de préférence aux descendants légitimes des
six maisons nobles... Les satrapes exerçaient
l'autorité civile dans sa plénitude, ils avaient
une cour, des gardes du corps, des palais et
des parcs immenses, des paradis... » Quand
nous prononçons le mot paradis, nous parlons
zend, tout simplement et sans le savoir, comme
M. Jourdain faisait de la prose. Ou plutôt (car
les grands docteurs ès sciences iraniennes et
caractères cunéiformes ne sont pas d'accord
sur ces choses mystérieuses) nous parlons
bactrien, bactro-persique, caspien ou mède,
ou peut-être touranien, langage longtemps
admiré par le célèbre auteur de *Mes Paradis*,
M. Jean Richepin, de l'Académie française.
Zend, en effet, s'il faut en croire les plus
récents exégètes de l'Avesta, veut dire com-
mentaire et désigne la glose attachée aux
livres sacrés où les sujets du grand Cyrus,
de Cambyse et de Darius, fils d'Hystaspe,

cherchaient l'aliment de leur vie morale...

En tout cas, lorsque nous rêvons d'une félicité paradisiaque, nous sommes quasiment contemporains du prophète des Guèbres, de ce fameux Zoroastre, que Frédéric Nietzsche appelle Zarathoustra, ce qui veut dire, d'après les plus savants commentateurs, l' « Homme aux chameaux couleur d'or ». Zoroastre, s'il faut s'en rapporter au témoignage de ses plus doctes biographes, est mort cinq mille ans avant la guerre de Troie, après avoir écrit douze mille volumes, en lettres d'or, sur douze mille peaux de génisses.

— Cela est admirable, que de choses on apprend dans le caravansérail des Persans !

— Pairidaeza (παράδεισος, *paradisus*, paradis) est un des plus anciens mots du vocabulaire de notre race. Il indique cette vocation permanente qui entraîne l'humanité vers le plaisir éphémère que nous procurent les jardins de la terre ou vers la joie éternelle que nous promettent les jardins du ciel. C'est l'oasis que les pèlerins du désert voient

verdir, fleurir, fructifier, dans l'illusion de
leurs mirages quotidiens. C'est l'âge d'or que
les poètes, hésitant toujours entre la tradition et le progrès, placent tout à coup au
commencement des siècles et à la fin des
temps, ne sachant point si la perfection de la
félicité humaine a été le gage de notre inno-
cence ingénue ou sera la récompense de notre
labeur conscient. Les Persans, hommes pru-
dents et subtils, connaissant la vanité de ce
qui n'est plus et de ce qui n'est pas encore,
s'arrangent pour avoir sous les yeux et sous
la main, en ce bas monde, une suffisante collection de paradis provisoires.

Ils ont toujours été ainsi. En adoptant la
religion de Mahomet, ils ont paré cette religion de toutes les grâces naturelles qui abondent dans leurs âmes de parfaits jardiniers.
J'ai trouvé un jour sur les routes d'Asie,
en compagnie de mon regretté camarade
Georges Cousin, un fragment d'inscription,
qui est maintenant exposé au musée du Louvre,
et où l'on voit le roi Darius, fils d'Hystaspe,

recommander au satrape Gadatas quelques
arbres menacés par la cognée d'un stupide
bûcheron. Cette voie royale, qui a traversé
miraculeusement vingt-quatre siècles, nous
donne l'idée d'un peuple ami des verdures
fraîches, des eaux courantes, des paradis...

Le paradis de Recht, fertile en giroflées,
s'imprègne, au printemps, de l'arome des orangers qui chargent d'un lourd effluve de parfums l'immobile et sereine félicité de quelques
Persanes, belles entre les plus belles. On y
savoure et l'on y respire le bonheur de vivre
sans rien faire, sans presque remuer, tandis
que les caravanes, vaguement poussées par
un instinct de voyage dont elles sentent sans
rien dire toute l'inutilité, s'avancent à pas
lents, au rythme des mélopées que mur-
murent en sourdine les chameliers pensifs,
sur les pistes poudreuses que rafraîchit le
feuillage des érables et des platanes. C'est un
paradis-joujou qui offre à des sultanes-poupées
une jolie moisson de tulipes jaunes dont elles
font des bouquets en l'honneur de leurs petits

maris, lesquels sont fiers comme Artaban
lorsqu'ils arborent cette parure printanière.
Au-dessus de ces tulipes jaunes, il y a des
lis blancs, des lis rouges, des iris mauves
et de merveilleux lilas. Écoutez!... On entend,
parmi ces floraisons d'odeurs et de couleurs,
le chant d'une flûte invisible que soutient la
cadence d'un tambourin mystérieux. Et des
voix humaines ou des voix divines, on ne sait,
exaltent la passion des âmes qui sont blessées
d'amour et qui voudraient guérir leurs plaies,
tristement et doucement, dans un baume d'indifférence, d'oubli, de béatitude somnolente et
d'extase enchantée.

Le paradis de Téhéran, — cité rose et bleue
que parfument les fleurs de l'acacia, — est
quelquefois troublé par le bruit métallique
de ces pièces d'or, d'argent, de nickel ou de
cuivre dont les hommes ont besoin, hélas!
pour manger du pain tous les jours. Mais à
Téhéran les ruelles sombres du bezestin sont
ennoblies par une illumination de roses radieuses. Les jardins de Téhéran font un clair

décor de verdure et de fleurs au labeur monotone du négociant qui trafique et du mercanti
qui brocante. Il y a des boutiques dans ce
paradis. Il y a des réalités dans cette féerie.
Les riches marchands de Bassorah y sont reçus
comme jadis à Bagdad les princes charmants
des *Mille et une Nuits*. Mais quels bijoux dans
ces échoppes où travaillent des joailliers en
turban, disciples des vieux artistes qui travail-
laient sous le règne de Crésus, en Lydie!
Ces merveilles d'orfèvrerie voisinent avec le
gros ouvrage des chaudronniers. Près de ces
bagues, de ces bracelets et de ces colliers, on
voit des marmites et des casseroles. Qu'importe? Les émeraudes, transparentes, vertes et
froides comme la glace des cavernes magiques,
s'entre-choquent avec une légère sonorité de
cristal. Voici, pour quelques tomans, des turquoises qui meurent d'une mort très douce,
comme si elles étaient lasses d'avoir vu agoniser tant de sultanes, dont elles ont paré
la grâce alanguie et l'éphémère beauté! Les
perles s'épanouissent en rosaces qui sont pâles

comme des corolles de marguerites. A Téhéran, le « Roi des Rois », le satrape, le frère du
Soleil et de la Lune, S. M. Ahmed Chah Kadjar,
possède un « apadana » où l'eau des bains
tièdes et parfumés glissant sur un dallage de
faïence s'offre en cascatelles de perles aux
sultanes cloîtrées, sous le demi-jour des dômes
ajourés qui mettent des reflets d'azur céleste
sur le marbre des vasques bleues. Dans les
jardins du harem fleurissent des pavots qui
répandent sur les yeux, las du spectacle
éblouissant des grandeurs humaines, un doux
sommeil, prélude ou présage d'une heureuse
mort.

Le paradis de Khoum s'annonce de loin aux
caravanes qui cheminent sur les dunes fauves,
par le resplendissement d'une mosquée dont
le dôme est en or et dont les quatre minarets
sont en émail couleur de saphir. Hélas ! les
infidèles n'ont pas le droit d'entrer dans ce
sanctuaire, et sont obligés de rester au caravansérail avec leurs valises, hors des murs de
la ville sainte. Khoum est un paradis inacces-

sible, dont les extases mystiques sont réservées aux pèlerins maintenus en état de grâce par la loi de ce chamelier divin qui s'appelait Mahomet. Du fond des plus lointaines contrées de la Perse, de l'Armina, de l'Arabaya et de la Gaudara, à travers des sables ardents et des terres brûlées, parmi les petits cris stridents des cigales, le prestige miraculeux de Khoum attire des fidèles en longues processions, au tombeau de cette sainte Fatmeh, dont le nom mystérieux exhale des effluves d'encens, d'ambre, de benjoin, de myrrhe et de cinname, odeur de sainteté ou parfum de sérail. Dans cette grande mosquée, il y a un petit cercueil de femme, précieux comme un coffret. Telle est la vertu de cette frêle relique et de ce corps glorieux qu'on a vu le vainqueur des vainqueurs, Abbas le Grand, descendre de son cheval alezan devant la grille argentée qui protège cette tombe, et se mêler au troupeau des âniers, des ciseleurs de pipes, des marchands de pastilles, des jardiniers, des derviches, des musiciens, de tous les pauvres gens habitués à se prosterner, le front contre terre, devant le mystère qui les console, et devant la mort qui leur sourit, étant le terme de leur pénible voyage et la fin d'une misère moins insupportable que l'idée du néant.

Ispahan est sans doute le plus délicieux paradis de la Perse musulmane. Les rossignols et les poètes y chantent nuit et jour. On y respire des roses. On y marche sur des roses. Là-bas, le dessin bariolé des tapis imite les plus délicates nuances des roses effeuillées. C'est là que le poète Saadi, qui fut esclave, a composé le *Gulistan* c'est-à-dire le *Jardin des Roses*. C'est là que Firdousi, surnommé le Paradisiaque, a célébré l'aurore en des discours harmonieux. Les kiosques d'Ispahan sont pleins de fleurs et d'oiseaux. Dans les écoles d'Ispahan, on enseigne que « l'odeur framboisée des églantines est l'haleine de l'Éternel ». On trouve là-bas des philosophes sublimes et des grammairiens exquis. Dans ce pays ravissant, une simple grammaire s'appelle volontiers le *Livre des Parterres fleuris*.

Les philologues persans sont doux, polis, aimables, exempts de chicanes, tout à la fois hommes du monde et hommes de lettres. Ce sont des mages excellents. Ils ont des caftans couleur de réséda. Leurs tiares, leurs turbans et leurs colbacks sont teintés de pourpre et de safran, comme les nuées d'un crépuscule d'avril. Ils savent déguster des sorbets à la rose et parler de miel ou de sucre avec les femmes. Et quelles femmes, si l'on en juge d'après le *Livre des dames de la Perse!* Ces dames ont des noms colorés, parfumés, mystérieux comme les mousselines soyeuses et les taffetas satinés dont elles voilent leur beauté habituellement recluse. Elles s'appellent : Paradis-des-Yeux, Arc-en-ciel, Muscade-Pure, Petite-Fleur-de-Lys, Madame-la-Gazelle, Mademoiselle-la-Perdrix, et aussi *Naziad,* ce qui veut dire la Très-Coquette. Elles aiment à s'asseoir au bord des fontaines, sous le feuillage mobile des sycomores, à traîner indolemment leurs babouches brodées sur les jardins illusoires qui jonchent les tapis de Damas, et à respirer tous les parfums de l'Arabie, en écoutant réciter les sourates du Coran.

C'est dans un parc, près d'une source cachée sous les fleurs, qu'il faudrait lire le Coran. « Ceux-ci, dit le Livre, auront les jardins d'Eden, et sous leurs pieds couleront des eaux. Accoudés sur des divans, ils seront parés d'anneaux d'or et vêtus de robes vertes, en soie et en satin... On leur offrira, à la ronde, des aiguières d'or et des gobelets remplis de ces bonnes choses qui flattent le goût, charment l'odorat et sont les délices des yeux... » Un jour, une jeune princesse, ayant quitté Ispahan à regret, aborda, sur la mer Caspienne, au débarcadère d'un petit port inconnu, qui s'appelle Lenkorân. Elle demanda ce qu'on pouvait voir en ce lieu. On lui répondit :

— Des roses !

Le paradis de Lenkorân est une roseraie où l'on vient de trente lieues à la ronde cueillir, au printemps, une moisson merveilleuse. Les roses de ce pays sont pâles, très hautes sur leurs tiges, groupées en touffes innombrables, sur de grands rosiers disposés en futaie, au bord de la mer, autour d'une mosquée blanche. Vers le soir, au souffle du vent qui fait frissonner les choses et les âmes, leurs corolles s'effeuillent sur les eaux violettes, et l'on dirait une jonchée de papillons évanouis sur une mosaïque d'améthystes. Et chacun des habitants de ce paradis pourrait redire les strophes du poète Saadi, qui chanta les roses quatre siècles avant notre Ronsard : « Je ne suis qu'une argile sans valeur et je retournerai bientôt en poussière, mais du moins j'aurai vécu pendant quelque temps avec les roses... »

J'ai appris décidément beaucoup de choses dans mes stations au caravansérail des Persans.

Visions de cauchemar.

C'est dans la cour de Validé-Hàn que les Persans célèbrent, le dixième jour du mois de

13.

Moharrem, une de leurs fêtes les plus solennelles, l'anniversaire du meurtre de Hassan et
de Hussein. C'est une fête sanglante dont la
hantise me poursuit comme un cauchemar.
C'était le soir à la lueur des torches. La procession était lugubre et fantastique. Une
longue file de gens se frappaient la poitrine,
quelques-uns avec des cailloux et des pavés.
La répétition de ces coups sourds et cadencés,
tombant sur des poitrines humaines, avec un
halètement d'angoisse et un bruit de tambours,
avait quelque chose d'effrayant. D'autres péni-
tents, assis sur le passage du cortège, sanglo-
taient, en cachant leur figure sous les pans de
leurs robes. Des chevaux tenus en main, et
dont les housses étaient couvertes de symboles
mystiques, suivaient la pompe religieuse. Enfin,
on voyait une lente procession d'hommes, mar-
chant les uns derrière les autres, revêtus de
longues chemises blanches. Ceux-là étaient les
plus fanatiques et les plus terribles à voir. Ils
tenaient de grands sabres effilés, et se muti-
laient eux-mêmes, se tailladaient le front, la

poitrine. Le sang coulait en ruisseaux rouges, sur la blancheur de leurs vêtements. Quelques-uns violemment surexcités, emportés par le délire et l'extase, se frappaient avec une fureur indicible. On emporta un jeune homme, presque mourant. Jamais je n'ai mieux compris la profondeur du sentiment religieux et la puissance du délire mystique. Cela nous ramène à plusieurs siècles en arrière. Les martyrs devaient s'offrir aussi, dans leur ardeur de sacrifice, à la volupté des suprêmes immolations. Assurément, ces hommes ne souffraient pas. Ils voyaient, devant eux, dans une hallucination violente, les saints hommes, Hassan et Hussein, traîtreusement assassinés, et, alors, affolés eux-mêmes par une si grande douleur, ils se frappaient la poitrine à coups redoublés, afin d'expier ce crime et pour laver dans le sang cet irréparable attentat.

Péra, 28 septembre.

F..., drogman de l'ambassade, esprit vif,

éveillé, fort au courant des choses orientales, plein de récits merveilleux qui font ressembler sa mémoire à une bibliothèque de contes arabes, me donne des suggestions fort intéressantes au sujet de l'ancienne histoire des Turcs. Les Ottomans, me dit-il, ont hésité longtemps dans une indécision religieuse, qui est une crise peu connue et décisive. Ils étaient sollicités à la fois par le christianisme nestorien, le bouddhisme, et le mahométisme qui a finalement triomphé. Supposez une légère modification dans l'ordre des motifs qui ont déterminé leur adhésion finale, et la série des événements historiques était changée du tout au tout.

Vous voyez passer dans les rues de Constantinople des gens d'allure décidée, en redingote blanche et coiffés d'une petite toque à fond rouge, discrètement brodée d'or. Ce sont des Dalmates, des *boccesi*, des gens venus des bouches de Cattaro et des côtes de l'Adriatique, sujets autrichiens, mais sujets fort indociles. Ils sont fortement organisés, ont un chef dont ils respectent l'autorité, et se tiennent entre eux par une solidarité indissoluble. La police turque a peur d'eux. L'ambassade d'Autriche les redoute. Il y a quelque temps, l'ambassadeur avait fait arrêter, sur un bateau du Lloyd, deux déserteurs dalmates. Les autres vinrent au nombre de cinq ou six cents, armés de pistolets et de sabres, réclamer les prisonniers. Le stationnaire autrichien fit débarquer son équipage. Un régiment turc accourut à la rescousse. Finalement l'ambassade, pour éviter un épouvantable carnage, capitula.

Un jour, dans l'après-midi, sur une des places les plus fréquentées de Péra, un agent du Lloyd passait : un Dalmate, qui lui en voulait, s'approche, lui casse la tête d'un coup de pistolet, et s'en va, le plus tranquillement du monde. On alla trouver le chef du clan, pour lui demander de livrer l'assassin. « Impossible, répondit-il, on m'assassinerait moimême. » L'affaire en resta là.

F..., très en verve, me parle des États balkaniques.

— Le royaume de Roumanie, me dit-il, est le plus jeune État de l'Europe : il est âgé d'un tiers de siècle, étant né au printemps de 1877, date décisive où la victoire de l'armée roumaine sur l'armée turque fut signalée à l'Europe par le canon de Plewna. Mais la « romanité » de cette nation remonte à dix-neuf cents ans. Submergés par le flot des invasions barbares pendant de longues périodes dont la misère est insuffisamment indiquée par le silence effrayant des historiens, elle a survécu grâce à une ténacité qu'exprime bien ce dicton populaire, souvent répété par les paysans du Danube : « L'eau passe, le caillou reste. » Elle se réveille après la prise de Constantinople et défend l'Europe contre la barbarie asiatique, sous les étendards de cet Étienne le Grand dont un sculpteur français, M. Frémiet, a dressé, sur une des places publiques de Jassy, la statue triomphale. Et puis, les heures sombres, les jours tristes recommencent, interminablement, à peine éclairés, çà et là, par une lueur d'espérance. Après l'épopée

fulgurante et brève de Jean le Terrible et de
Michel le Brave, la nuit s'étend sur la Transylvanie, sur la Valachie, sur la Moldavie, sur
tout l'ancien domaine des vétérans de Trajan.

Avec Michel le Brave, s'éteint le dernier
prince roumain qui ait tenté de soustraire son
peuple à l'oppression musulmane. A partir
de cette époque, les Roumains n'essayent
même plus de lutter contre la fatalité. Tandis
que Démètre Cantemir se réfugie en Russie,
Constantin Brancovan et Étienne Cantacuzène
meurent sous le sabre d'un sultan épileptique,
dans la cour du Vieux-Sérail. (Un voyageur français a raconté cette tragédie.) Les
« boyards » de Bucarest et de Jassy adoptent
le turban, le caftan, les babouches, le narghilé, le sofa, s'habillent et babillent comme
les mamamouchis de Molière; un diplomate
français, le comte d'Hauterive, « gentilhomme
d'ambassade » auprès du comte de Choiseul-
Gouffier, a décrit cette triste parodie... Mais
ce sont là des choses qui ne s'oublient point.

— Et les Grecs?

— Ah! les Grecs, ils sont toujours les mêmes. C'est pourquoi ils sont sûrs de l'avenir. Rien ne saurait prévaloir contre la toute-puissance de la poésie. En vain le docteur Fallmerayer, pédant allemand, a voulu ensevelir la Grèce sous les pavés de sa massive érudition. En vain, le spirituel Edmond About, chroniqueur français, a taquiné l'Olympe par un jet de fléchettes inutiles (*telum imbelle sine ictu*). En vain les Turcs, armés en guerre, ont fait entendre dans les plaines de la Thessalie un bruit de bottes et des pétarades de fusils Mauser. Les Grecs, malmenés par le concert européen, résistent à tous les mécomptes. Ils n'ont pas dit leur dernier mot. Ils sauront s'imposer à l'estime et à l'admiration de l'Europe.

Péra, 28 septembre.

On m'a conté une belle histoire : la *Fiancée d'Ali bey*... C'est une idylle tragique, dont la couleur locale eût rempli d'émoi le cœur turbulent de lord Byron. Tous les Monténégrins savent par cœur les strophes épiques et sentimentales de la *Fiancée d'Ali bey*. On chante cette chanson farouche dans la Montagne-Noire, aux noces de campagne et dans les fêtes populaires, — avec accompagnement de guzla, bien entendu.

C'est l'histoire d'un bey de Bosnie, à qui le bey turc de Mostar veut ravir sa fiancée, la blonde Haïka, fleur de beauté mystérieusement éclose au désert abrupt de la Tchernagore... Ali bey, jeune orphelin, s'est retiré avec sa vieille mère au fief de Liubovitch, dans le château de ses ancêtres. Son père est mort au siège de Bagdad. Il avait sept frères : tous ont péri sur le champ de bataille. Deux furent tués sous les remparts de Candie. Deux autres ont laissé dans les plaines de Vienne leurs ossements décharnés par le bec rapace des corbeaux. Un autre, qui s'appelait Mehemet, tomba aux mains des Hongrois, qui lui coupèrent la tête après lui avoir crevé les yeux. Moussa succomba sous les coups de sabre, après s'être défendu comme un lion, au combat de Varasdin. Ahmed, le cadet, revint blessé, sanglant, au gîte natal, et agonisa, dans son lit d'enfant, entre les bras de sa mère et de sa nourrice. Deux des oncles d'Ali bey ont empourpré de leur sang vermeil les flots jaunes de la rivière d'Osie, quand le tsar des Moscovites fit la guerre au sultan des Turcs. Tous sont tombés pour l'honneur de la Bosnie. Et maintenant, dans le nid des aigles, il n'y a plus qu'un aiglon.

Ce que voyant, le bey de Mostar en Herzégovine — Turc orgueilleux, puissant et intraitable, — le bey de Mostar, fier de commander aux artilleurs de dix-sept batteries, aux muezzins de trente et une mosquées, aux caïmacans et aux moutessarifs de treize préfectures impériales a résolu de profiter de son pouvoir pour enlever la fiancée d'Ali bey. Et dans l'excès de son outrecuidance il veut ajouter à la cruauté de ce rapt un raffinement d'insolence, suggéré à son humeur brutale par le ressentiment d'une ancienne vendetta.

Depuis plusieurs siècles, son clan est séparé du clan d'Ali bey par un fossé de haine où coula le sang de trois ou quatre générations. Il envoie donc à son ennemi un injurieux message, pour l'abreuver d'outrages et l'accabler de menaces.

— Je te somme, lui dit-il, de me livrer le meilleur cheval de tes écuries, celui qui répond au nom de Noir. Je veux qu'en signe d'obéissance et comme une marque vivante de ta vassalité tu m'envoies ce coursier fougueux qui souvent emporta ton père au plus épais de la mêlée dans les batailles contre les musulmans, mes frères. Je veux que Noir hennisse désormais dans l'escadron de mes spahis au sabre courbe et de mes timariots aux flottantes pelisses... En attendant que je puisse te rencontrer, Ali bey, en un duel à mort, et vider une fois pour toutes la querelle ancienne qui divise nos deux familles, c'est ton cheval — je le veux — qui ramènera dans mon harem ta fiancée, la blonde Haïka.

Le jeune Ali bey a bondi sous l'insulte. Vite,

il décroche du ratelier le yatagan de ses ancêtres. Il invoque de loin celle qui pense à lui,
la fiancée de son âme, Haïka la Blonde.

— Haïka, s'écrie-t-il, tu es à moi, je t'ap-
partiens... Je ne veux pas vivre sans toi... Que
serait, sans toi, le vaste monde?... Regarde ce
sabre tranchant et acéré. Il couperait la gorge
de ton fiancé, si celui-ci était assez lâche pour
t'abandonner à un indigne rival.

Mais la vieille mère d'Ali bey se lamente.

— Mon fils, dit-elle, tu es bien jeune, bien
petit pour te mesurer avec le terrible bey de
Mostar. Déjà son redoutable cimeterre a fait
voler dans la poussière des combats les têtes
de plusieurs chefs bosniaques, trop hardis à
s'insurger contre sa puissance. Je veux garder
pour mes derniers jours ta tendresse filiale.
Ne prive pas ma vieillesse de son suprême sou-
tien.

— Ma mère, répondit Ali bey, ma décision
est prise. Je combattrai le bey de Mostar, en
champ clos et les armes à la main, sur ce
même cheval dont il exige insolemment la

livraison humiliante. Et je le punirai de son audace.

Mais pendant la nuit, tandis qu'Ali bey se reposait dans la haute tour de sa demeure, pour se préparer au combat et en rêvant aux blonds cheveux d'Haïka, la mère vigilante fit appeler le katerdji Hussein.

— Katerdji, lui dit-elle, emmène le cheval Noir... Tu le conduiras au méchant bey de Mostar. Et tu diras à ce bey, implacable ennemi de notre famille, de laisser enfin en paix notre infortunée demeure.

Alors on vit un miracle, dont les gens de la Tchernagore ne peuvent point parler sans faire le signe de la croix. Voici ce qui arriva. Noir, le bon cheval, avait entendu cette conversation. Il résolut, comme font toujours les bons génies des légendes mythologiques, d'assurer, sans rien dire, le triomphe de la justice et le bonheur des amoureux. Envoyé, sous bonne escorte, au village où s'épanouit, comme une fleur de paradis, la fiancée d'Ali bey, Noir emporte sur son dos, au grand galop, la blonde Haïka. Mais au lieu de ramener à Mostar la jeune fille dont le cœur est resté indomptablement fidèle, il entraîne les Turcs à travers les tempêtes des sommets neigeux, loin, bien loin au-dessus des vallées où les fontaines ont des miroitements d'argent sous le feuillage transparent des platanes. Un à un, dans cette course fantastique, les trois cents janissaires du méchant bey de Mostar ont disparu dans la tourmente. Elle aussi, la blonde Haïka, est transie de froid. Ses belles joues sont mordues par l'âpre bise.

— Noir, dit-elle, mon bon Noir, si je reste dans la montagne, si je suis ensevelie dans une avalanche de neige, va tout droit au château d'Ali bey... Porte-lui ma bague de fiançailles que je noue à l'une des tresses de ta crinière. Il reconnaîtra ainsi que mon cœur n'a jamais cessé d'être à lui...

Le bon cheval hennit doucement, sans s'arrêter. Et maintenant, se sentant libre, débarrassé de sa séquelle de Turcs, il redescend vers les plaines, et apporte au grand galop,

jusqu'au perron du château d'Ali bey, son précieux fardeau.

L'auteur de ce poème homérique est un
homme de là-bas, un montagnard de pure
race et de haute lignée. Il porte avec une
fière élégance la casaque rouge, courte et
sans manches, et la gougne longue et plissée
que les femmes du Montenegro aiment à orner
de broderies étincelantes pour mieux parer la
noble prestance des braves armés pour la
défense de la patrie et de la liberté. Il est un
des plus illustres fils de cette terre héroïque,
où chaque père, en baptisant son enfant, pro-
nonce cette formule rituelle : « Puisse-t-il ne
pas mourir dans son lit! »

Ce poète n'est autre que Nicolas Ier Pétro-
vitch Niégoch, roi du Monténégro. Ses œuvres
littéraires mériteraient d'être remarquées des
slavisants, même si elles n'étaient pas revêtues
de sa signature royale. Elles entretiennent
son peuple dans l'état d'âme où nous étions
vraisemblablement vers l'époque de la chevalerie, des croisades et des chansons de geste.

On trouve même, en ce répertoire de prouesses, l'expression simple de certains sentiments primitifs qui nous font remonter plus loin encore dans le recul des anciens âges... Ah! les diplomates auront plus d'une surprise dans ces pays où les peuples sont guerriers et où les rois sont poètes comme au temps d'Homère.

Péra, 29 septembre.

Ouvrez certains journaux de France, d'extrême droite ou d'extrême gauche, et tâchez, en résumant le plaidoyer ou le réquisitoire de chaque parti politique, de vous faire une opinion moyenne sur l'état du pays. Vous arriverez à ces conclusions consolantes : tout va mal, le conseil des ministres est une bande de brigands; l'armée est désorganisée; la magistrature est vendue; le clergé est simoniaque et débauché. Prenez les journaux de Turquie : vous verrez tout couleur de rose. Cet optimisme souriant fait plaisir. Quel bon calife!

Quel vaste empire! Quelle administration
intègre! Quel budget merveilleusement équi-
libré! Quelles victoires éclatantes sur les
giaours!... Hurrah pour le victorieux padischah! Cela rappelle ces chœurs de paysans qui,
dans les opéras-comiques, jettent leurs bonnets en l'air en l'honneur de monsieur le
bourgmestre ou de monsieur le bailli..,

Stamboul, 30 septembre.

C'est au delà du pont de Galata, sur la rive
méridionale de la Corne-d'Or, qu'il faut chercher surtout les enchantements du regard, la
caresse des tons chauds et dorés, la complication des lignes, et ce hérissement de silhouettes aiguës qui font ressembler Stamboul
à quelque ville fantastique, dentelée par une
innombrable variété d'aiguilles et de cloche-
tons. On a tout dit sur les minarets. Il est bien
vrai qu'ils contribuent, pour une bonne part,
grâce aux sveltesses de leurs tiges et aux fantaisies de leurs balcons ouvragés, à cet aspect

14

féerique et imprévu. Ils donnent à Stamboul
un profil inattendu, qui ne ressemble à rien.
Comment se représenter la beauté de la
Byzance antique? Le site était le même; le pro-
montoire allongé sur lequel s'étale la ville de
Mahomet II, avait les mêmes vallées ondu-
lantes et la même ceinture de flots bleus. Mais
la cité avait un tout autre aspect que la ville
actuelle, une physionomie plus riche peut-être,
plus de magnificence et de véritable splendeur.
L'or des dômes étincelait au soleil. Les portiques de marbre alignaient leurs longues files
de colonnes blanches. Sur les arcs de triomphe,
sur les colonnes, sur les galeries supérieures
de l'Hippodrome, sur les terrasses des palais
impériaux, les statues de bronze, de marbre et
d'or rayonnaient dans une clarté radieuse et
dominatrice. Mais cette beauté pompeuse et
triomphale avait quelque chose de moins
romantique, sans doute, que les monuments
plus légers et plus éphémères de l'art musulman. Reste à savoir si le romantisme ne nous
a point donné l'habitude singulière de goûter

excessivement ce qui est étrange ou saugrenu.

Devant la mosquée de Yéni-Validé-Djami... Ciel pur; un vent frais, qui fait frissonner, sur la terre humide de la pluie récente, l'ombre des feuilles. La mosquée étale son perron sans grand caractère, son péristyle où des loqueteux, vêtus de couleurs sales, grouillent sous les arcades en ogive, entre les tiges à facettes des colonnettes frêles. Les arceaux, grands et petits tour à tour alternent, et leurs trèfles découpent sur le mur du fond, entre les fenêtres grillées, des ronds de lumière. On voit des pigeons qui se posent en roucoulant sur les barres de fer, s'alignent sur les corniches, s'accrochent aux fleurons. Combien sont jolis, délicats, les trois balcons qui enroulent autour du minaret leur collier de dentelles et leurs stalactites de pierre !

Une clameur joyeuse, faite de conversations confuses, de cris de marchands, emplit la place. Un marchand de fez exhibe sa marchandise sur une caisse de bois. Des officiers passent raides, dans leur uniforme bleu, col-

lant,. à l'allemande. Un marchand de pastè-
ques : devant le panier où s'étalent les tran-
ches fraîches, roses, juteuses, le vieux, barbu,
sale, un mouchoir roulé autour du fez déteint,
discute bruyamment avec un groupe d'Arnautes. Des soudjis (marchands d'eau) font
tinter leurs verres comme des sonnettes, en
les choquant l'un contre l'autre, et crient :
« Ey sou ! Ey sou ! » (bonne eau). Des maraîchers pèsent dans des balances de fer des
oques de ces raisins dorés qu'on appelle
« tchaouchs » [1]. Un cuisinier fait rôtir sur un
fourneau de petits morceaux de viande, enfilés
par une brochette. De robustes marins, en fez
rouge, col bleu et vareuse blanche, attablés,
mangent des aubergines farcies, du khébab
rissolé, de la boutargue, sorte de caviar fait
avec des œufs de muge. Des gens se lavent les
pieds aux fontaines, le long des murs de la
mosquée. Un officier d'ordonnance, coiffé d'un
colback d'astrakan, en tunique verte à aiguil-

---

1. Le pluriel de « tchaouch » est « tchaouchlar ». On pré-
tend que *chasselas* vient de ce mot.

lettes d'argent, passe au grand trot. Il monte lourdement, sans grâce. Le vendredi est le dimanche des Turcs. Dans les rues, les gens ont de beaux habits. Les femmes sont enveloppées d'un frou-frou de soies neuves. Les bambins ont l'air mieux débarbouillés que les autres jours. Les officiers ont des dragonnes dorées. Et puis, le gai soleil fait reluire tout cela, depuis les visages reposés et flâneurs, jusqu'à l'or des ceinturons et des aiguillettes. Les maisons, les mosquées, lavées par la pluie d'hier, ont l'air de sortir d'une boîte. La seule tristesse des rues où cette gaieté défile, c'est la voix dolente des mendiants. Oh ! la touchante et douce et lamentable cantilène : « Adé Tchélébi ! » [1]. Et c'est une litanie d'objurgations inintelligibles et de bénédictions bizarres, lorsqu'on a laissé tomber dans la pauvre main suppliante les paras attendus. Il y a plusieurs catégories de miséreux : d'abord, comme partout, l'impotent, cul-de-jatte ou aveugle, immo-

1. Formule d'encouragement et de supplication qui équivaut à : « Allons, gracieux seigneur ! »

14.

bile, le long du chemin, arrêté, avec une résignation de fakir, dans l'impuissance de ses membres inertes ou dans la nuit de ses yeux morts. Puis, il y a tout un va-et-vient navrant de mendiants nomades, sortis, effarants, d'on ne sait quelle géhenne. Des filles de bohème, gitanes brunes de race douteuse, des Bédouines bronzées, des Kabyles hâlées par le vent ardent du désert, point voilées, mais portant l'ample culotte de zouave qui est le vêtement national des femmes turques, courent après vous, et poursuivent le passant de leurs supplications réitérées, opiniâtres. Ces robustes filles sont médiocrement intéressantes. On sent, à voir leurs yeux jaseurs, qu'elles doivent rire de toutes leurs dents blanches, en cachette, aux dépens du chrétien trop crédule. Mais les vieilles, édentées, courbées sur l'appui d'un bâton, babinotant de leurs lèvres pâles l'oraison répétée depuis tant d'années, celles-là font mal à voir. Puis ce sont les pauvres petites mamans en guenilles, portant un enfant qui tend déjà sa main mignonne, destinée d'avance aux humiliantes mendicités. On se demande dans quelle cité dolente cette cohue de souffrants peut bien rentrer le soir. L'été, tout va bien encore. Il y a des coins dans l'angle des murailles et dans les replis des terrains vagues, il y a des lits de verdure dans les cimetières abandonnés, autour des cippes coiffés d'un turban. Mais l'hiver est dur à Constantinople. Quand souffle ce vent du Nord qui s'est refroidi dans les neiges des Balkans et qui porte jusqu'à l'acropole d'Athènes ses bouffées glaciales, où vont nicher, hélas ! tous ces vagabonds d'Eyoub et de Balouk-Bazar ?

Encore des rues montantes, étroites, au pavé raboteux et glissant. Vous entrevoyez des échoppes de barbier où reluisent des cuivres, la cour intérieure des hâns, dont le portail est solidement muni de chaînes, en prévision des alertes probables et des massacres possibles. Certaines rues sont exclusivement occupées par un seul corps de métier : l'une d'elles est bordée par de petites boutiques où des gens sont fort occupés à fabriquer des pipes et des

porte-cigarettes. Pour deux piastres, vous avez
un chibouque dont le tuyau de jasmin est long
d'un mètre. De détour en détour j'arrive au
bazar. Aujourd'hui les échoppes turques sont
fermées. Le « tcharchi » a beaucoup perdu de
son animation accoutumée ». Toutefois, des
« hanoums » (dames turques) achètent, le long
des boutiques, de menus objets de toilette et de
parure. Les échoppes des Juifs sont ouvertes.
Elles seront fermées demain samedi, jour du
sabbat, à cause du repos prescrit par les rab-
bins d'Israël.

J'erre quelque temps sous les galeries couvertes. J'arrive dans un quartier neuf, nouvellement percé par l'incendie d'abord, par la voirie
ensuite. Je passe devant la mosquée du Sultan
Bayezid, petite et toute gaie, je vois le Séras-
kiérat, vaste, imposant, avec sa grande porte
où des versets calligraphiés se tordent, en
lettres d'or, sur un fond vert. Sur la grande
place, devant le palais, un Turc tient en main
un fort joli cheval alezan, de belle encolure et
au poil lustré. Il m'offre, pour deux piastres

(40 centimes), de me laisser monter sur cette jolie bête jusqu'à la mosquée du Sultan Achmet. C'est trop tentant : j'accepte et je pars sur ce destrier imprévu, suivi d'un petit nègre qui l'excite de cris et de sifflements de badine.

« ... Nedjibey voilée s'en alla seule à Sultan Achmet ; c'était un matin de printemps, la saison fraîche où l'on vend à tous les coins de rue les fleurs parfumées des jonquilles... » Cette phrase de Leïla-Hanoum me chanta dans la mémoire, sur la place de l'At-Meidan, parmi les vestiges de l'ancien Hippodrome, devant les verdures et les dômes de la mosquée d'Achmet. Cette mosquée est une fantaisie de ce sultan artiste, tellement zélé pour la bâtisse, dit la légende, qu'il allait une fois par semaine travailler avec ses ouvriers. C'est dans cette mosquée que fut proclamé le décret qui proscrivait les janissaires et les vouait au massacre commandé par le sultan Mahmoud. C'est sur cette place, où des maraîchers vendent très tranquillement leurs légumes sous de grands parasols, qu'eut lieu l'horrible carnage. Mais je ne veux pas céder au maléfice de ces souvenirs lugubres ; l'air est trop joyeux et le ciel trop léger. Je regarde à peine l'obélisque de Théodose. Les verdures des arbres sont si fraîchement lustrées, le grouillement pittoresque de cette place diversement peuplée est si agréable à voir que l'esprit se sent tout à fait incapable d'aborder un autre objet de contemplation ou de rèverie.

J'ai vu des détachements d'infanterie, des zouaves nègres, revenant du « sélamlik ». Une musique endiablée les précédait, cadençant leurs pas lourds et leur démarche relevée, saccadée à la prussienne. Cela donnait l'idée d'une entrée de conquérants dans une ville prise. Les musiciens de Mahomet II, dans la marche féroce du 29 mai 1453, devaient sonner cette fanfare sauvage. Les hommes sous les plis du drapeau cramoisi, qui flotte, sont grands, de belle tournure et de mine martiale. Ils marchent pesamment, avec de grosses bottes à l'allemande. Ils font effort pour obéir aux instruc-

teurs placés en serre-file par von der Goltz-
pacha. Les uniformes sont propres et soignés.
Cela, c'est le beau côté de l'empire ottoman, la
façade guerrière qu'on montre aux étrangers
de passage, aux ambassadeurs des grandes
puissances, à la clientèle des « palaces » et des
« terminus » qui encombrent l'antique cité de
Constantin et de Mahomet. Pour voir l'autre
côté il faut quitter la capitale, aller dans les
provinces d'Asie, au delà de Smyrne, d'Aïdin,
dans l'intérieur des terres anatoliennes, loin
des ambassades, des banques, des cercles et
des bouis-bouis de Péra. C'est alors qu'on
verra des misères lamentables que j'ai vues :
des zaptiés déguenillés, des rédifs en loques,
des nizams en haillons, pieds nus, regagnant
péniblement leurs gourbis lointains, tombant
de fatigue le long des routes, demandant
presque l'aumône, et ne se plaignant pas...
Pauvres et braves gens! Le gouvernement les
licencie, les jette sans pain, sur les longues
routes de l'Empire. Ils se taisent. Que pour-
raient-ils dire, en effet? Ils trouvent dans

l'étonnante résignation de leur fatalisme la force de ne pas se plaindre. J'ai vu un de ces malheureux soldats, malade, harassé, grelottant de fièvre, mourant de froid et de faim, agoniser sous le frêle abri d'un hangar ouvert à tous les vents, près d'un village de Kurdes, dans les plaines désolées de la Phrygie. Le gouvernement, ayant constaté que cet homme était impropre au service, l'avait congédié purement et simplement, sans un sou, sans un croûton de pain, avec toute une compagnie de camarades aussi infortunés que lui. Ce pauvre diable aurait expiré sur la place, si un voyageur français ne lui eût donné de quoi prolonger quelque peu sa misérable vie...

Kassim-Pacha, 1er octobre.

Vous êtes à Péra, dans un café européen. Vous lisez les journaux de France. Vous traversez la rue et vous entrez au tekké des derviches tourneurs. Vous voilà reporté à plusieurs siècles en arrière. Constantinople est ainsi faite : il n'y a pas de ville plus fertile en contrastes, plus prodigue en suggestions imprévues, plus féconde en sensations historiques. Quelqu'un a dit que l'on peut actuellement, en parcourant le monde, se donner la sensation de toutes les époques révolues. Cela est surtout vrai de Constantinople. Ici, la plus simple promenade devient, tout de suite, une course à grandes enjambées à travers l'histoire. L'aspect de telle rue du Phanar, avec ses vieilles maisons de pierre grise, interrompant la série des frêles maisonnettes de bois, improvisées à la turque, est une évocation de l'époque lointaine où Michel Psellos, en attendant d'être le premier ministre de l'empereur Constantin le Monomaque, étudiait la philosophie chez Jean Xiphilin de Trébizonde... Ce cuisinier grec, qui debout devant son fourneau embrasé vend tranquillement aux passants des côtelettes d'agneau fricassées en plein vent, pourrait installer ses marmites dans les boutiques démantelées de Pompéï. Ce boucher ambulant qui va de maison en maison, colportant sur son épaule une guirlande de viandes. saignantes, ne se doute pas, le brave homme, qu'il est tout bonnement séculaire ; le *bazar*, en somme, est une chose antique au moins autant qu'orientale... Otez les narghilés, les pipes turques, les turbans et caftans, vous avez *l'agora*. L'habitude de vendre ainsi en plein air, dans des boutiques ouvertes, dans le labyrinthe d'une cité mercantile réservée aux criailleries des brocanteurs, est une coutume grecque et romaine. C'est nous qui avons inventé pour nos ciels pâles, le magasin clos, où l'on ne marchande pas, où l'on discute discrètement, où le chaland n'est pas poursuivi de cris et de récriminations où des messieurs très corrects mesurent silencieusement des aunes d'étoffe ou des livres de denrées vendues à prix fixe.

Tout recommence. Les gens d'Eyoub, fanatiques et enturbannés, ne diffèrent pas des bandes furieuses que Mahomet II jeta sur la capitale de l'empire chrétien d'Orient. Proclamez la *guerre sainte*, c'est-à-dire la néces-

sité du suprême effort, où le croyant doit abandonner ses femmes, ses enfants, sa maison, et
se faire tuer après avoir tué le plus d'infidèles
possible, vous verrez de quel élan ils sui-
vront l'étendard du Prophète... Cette musique
étrange, que glapit cette flûte au coin du
Grand-Pont, a dû faire danser dans le steppe
natal, à l'entrée de la tente en poil de chèvre,
près des chameaux accroupis, les ancêtres
d'Osman, fils d'Erthogroul...

Tout cela donne à cette ville une attirance
inquiétante, un charme dangereux dont on ne
peut se déprendre. On ne songe pas, sans inquiétude, à la marche fatale des événements
politiques, à la catastrophe finale qui viendra
disloquer cette juxtaposition unique, émietter
cette mosaïque internationale, disperser ce
troupeau humain dont la variété est infinie.
Quel sera, dans l'avenir, l'heureux possesseur
de ce gros lot? Je ne sais. Mais le puissant
peuple qui viendra embosser ses cuirassés et
ses torpilleurs à l'entrée de la Corne-d'Or, ne
manquera pas d'amener avec lui une armée de

constructeurs et d'ingénieurs. On fera des
quais, ce qui sera fort bien ; on percera des
boulevards, ce qui n'est jamais mal, on cons-
truira des docks, des casinos, des opéras sérieux,
des opéras-comiques et des opéras-bouffes. La
rue de Péra, rectifiée, pavée, bitumée, res-
semblera à la rue de Rivoli, y compris les
Turcs de Montmartre, qui vendent des férédjés
de fabrication parisienne, et des pastilles dites
du Sérail. On entendra le ronflement des au-
tomobiles, le beuglement de la corne des
tramways, le fracas roulant des camions et
des omnibus.

Mais Constantinople ne sera plus ce pittoresque fouillis de formes architecturales em-
pruntées à tous les temps et à tous les pays, ce
rendez-vous de races venues de tous les coins
du monde, cette mêlée confuse de religions et
de langues, qui font de cette ville incomparable un merveilleux champ d'expérience et
d'observation.

Au harem.

La jeune Gul (c'est-à-dire Rose), fille de Kiamil-Effendi, vient d'avoir treize ans. C'est à cet âge, hélas! que les jeunes Turques sont condamnées par la loi musulmane à prendre le voile et à vivre dans une réclusion quasiment claustrale. Dure nécessité pour des fillettes qui ont vécu jusqu'alors en plein air et en pleine liberté, le visage découvert et le nez au vent, comme de petites Européennes. Elles ont pu croire qu'elles étaient Françaises, Italiennes, Anglaises. Depuis leur premier cerceau jusqu'à leur dernière poupée, elles ont connu de longs jours heureux, des soirées gaies; elles ont ressemblé aux enfants des grandes nations, chez qui les femmes ne sont pas des esclaves. Et puis soudain, la règle héréditaire s'est emparée de ces petites musulmanes, qui, sous leurs chapeaux fleuris et dans leurs robes ajustées, avaient pu oublier leur condition. Loti nous a dit comment, à quelque sauterie de Péra, on demandera au milieu d'un pépiement de volière :

— Où est-elle la petite Gul, fille de Kiamil-Effendi ?

Et quelqu'un répondra :

— Ah! vous ne saviez pas? Elle vient de prendre le *tcharchaf*.

Le *tcharchaf*, c'est le signe visible de l'incarcération rituelle à laquelle sont vouées les femmes d'Orient, depuis leur adolescence jusqu'à leur mort. C'est un voile funèbre, presque un drap mortuaire, jeté sur leur visage et sur leur âme. Ensevelies comme en un linceul, elles seront méconnaissables désormais aux amis qui les rencontreront par les rues, et qui, ne sachant plus s'il faut pleurer ou rire à leur approche, pourront les prendre indifféremment pour des fantômes sombres ou bien pour des dominos noirs.

Ces femmes masquées, dont l'éternel défilé attriste le recueillement des cyprès et des tombes, dans les cimetières de Constantinople, ont quelque chose d'étrange qui serait quelquefois un peu comique, si l'on ne songeait aux grandes murailles farouches, au règlement immuable, aux coutumes inflexibles où ces pauvres vies féminines sont encloses et prisonnières. La femme turque n'existe que dans le clair-obscur du logis conjugal, pour un seigneur et maître que d'ailleurs elle n'a point choisi et dont elle ignorait, avant le mariage, les humeurs, les caprices, tout jusqu'au son de la voix. Hors du harem dont les fenêtres grillées ressemblent assez aux barreaux d'une cage, la femme turque n'est plus qu'un être impersonnel, anonyme, presque inexistant, une éphémère unité dans une procession de fantômes que l'on voit à peine apparaître, passer, s'effacer... Hors du harem, la vêture uniforme de la communauté confond tellement et recouvre d'une manière si monotone les formes et les gestes de ces femmes, que l'on ne sait même plus si elles ont des âmes séparées et des personnalités distinctes. A les voir ainsi empaquetées, on ne peut même pas dire si elles sont jeunes ou vieilles. Incessamment surveillées, harcelées par des jalousies terribles, elles ont l'air d'expier, comme des pénitentes, un formidable arriéré de péchés féminins ou d'iniquités masculines. Hors du harem, elles sont toujours en deuil. Ces femmes emmaillotées comme des momies songent peut-être aux tragédies byzantines du Vieux-Sérail et aux sultanes qui, dit-on, furent jetées au fond du Bosphore, cousues vivantes dans des sacs de cuir. Leurs attitudes, soupçonnées sous le disgracieux costume qui les engonce, leur voix plaintive qui vient de dessous leurs voiles avec un accent d'outre-tombe, tous leurs mouvements, toutes leurs démarches semblent exprimer la peur. Et, en effet, rien de ce qui les entoure n'est rassurant. Leurs seigneurs et maîtres font garder les portes et les vestibules des sérails par des concierges albanais qui, à la place du plumeau et du balai que brandissent nos inoffensifs portiers, ont des sabres, des pistolets, des yatagans et tout un tremblement de tromblons. Tous les voyageurs qui ont essayé de franchir les seuils ainsi gardés s'accordent à dire que ces pittoresques cerbères sont habituellement d'une humeur massacrante.

Les espèces de nègres en stambouline noire et en fez rouge qui sont spécialement chargés de veiller sur la vertu des cadines et que l'on voit s'agiter, très affairés autour d'elles, ont des façons plus douces. Mais j'imagine que la présence continuelle de ces messieurs, toujours importants et volontiers vétilleux, tatillons, doit être une obsession insupportable. Ils sont toujours là, plus ennuyeux que gênants, puisque les plus ombrageux maris n'ont aucune raison d'en être jaloux.

Ces nègres sont inquisiteurs, fureteurs, espions et potiniers comme les vieilles sorcières dont ils ont le visage glabre et la voix grêle. Ils surveillent les correspondances. Au besoin, ils décachettent les lettres, regardent par le judas des guichets, et font des rapports de police sur tout ce qui se passe dans la maison. Bien payés, bien nourris, pour faire ce métier-là, ils deviennent vite gros et gras, ayant bon souper, bon gîte et ne se souciant point du reste.

Quand les femmes d'une riche pacha sortent du harem pour aller en promenade au cimetière d'Eyoub ou vers cette attrayante banlieue qu'on appelle là-bas les Eaux-douces, elles sont constamment surveillées par ces nègres. On enferme ces femmes, tout embobelinées d'étoffes sombres, dans de grandes voitures pareilles aux landaus où chez nous défilent les noces. Sur chaque siège, à côté du cocher, est assis l'inévitable nègre en redingote — tel un pion qui surveillerait un pensionnat. A droite et à gauche des voitures, d'autres nègres, à cheval ceux-là, et les fontes pleines de pistolets, trottinent à la hauteur des portières, et prennent volontiers des airs furieux si l'on fait mine de regarder les pensionnaires qu'ils escortent et qu'ils ennuient.

En revenant des Eaux-Douces.

Aujourd'hui, vendredi, jour férié chez les

mahométans, — j'assistais avec quelques amis,
officiers de marine pour la plupart, au retour
des Eaux-Douces, moins beau, quoiqu'on en
dise, que le retour du Bois de Boulogne par
les Champs-Élysées.

Un long cortège de voitures défilait, ramenant de la promenade hebdomadaire une caravane de femmes que nous supposions toutes
jeunes et jolies. Elles étaient naturellement
affublées du triste accoutrement qui est là-bas,
selon le rite ancestral, la tenue de sortie.
Noires étaient les houppelandes où disparaissait la finesse de leurs tailles souples. Noires,
les longues pèlerines, qui dissimulaient leurs
épaules et bridaient leurs bras. Noires, les cagoules qui masquaient leurs visages, probablement délicieux. Noirs, les eunuques absurdes
qui cavalcadaient, pistolet à la ceinture, autour des carrosses du harem. Mais malgré tout
cet attirail d'ensevelissement, en dépit de la sur-
veillance de ces gardiens étranges, on pouvait
apercevoir, dans l'encadrement des portières ouvertes, quelques-uns des plus jolis yeux qui se

soient épanouis dans l'empire turc. L'intervalle
des capuchons et des cagoules laissait voir ces
yeux, extrêmement brillants, d'autant plus atti-
rants qu'ils réunissaient, pour ainsi dire, toute
la vie intense de ces fantômes, à peine en-
trevus. L'un de nous parut croire, à tort ou à
raison, qu'une paire de ces admirables diamants
noirs étincelait pour lui faire plaisir. Très imprudent, presque emballé, il attacha son regard sur ce regard, peut-être indifférent, et
qu'il jugeait plein de sympathie et de promesses. Cette ivresse, hélas! dura peu. Un
affreux nègre menaçant et canaille, roulant
des yeux en boules de loto, arrêta son cheval
et vint mettre un gros pistolet d'arçon sous le
nez de mon ami en poussant des cris inarti-
culés et rauques. Quand nous eûmes calmé
cet imbécile, le cortège des landaus avait déjà
disparu dans la poussière du crépuscule, em-
portant pour jamais la belle inconnue dont les
yeux, après avoir un instant rayonné d'un
éclair d'amour, se sont sans doute éteints prématurément dans l'amertume des larmes.

Elles s'appellent probablement Zeyneb, Mé-
lek (c'est-à-dire l'Ange), Djenane (c'est-à-dire la
Bien-Aimée). Elles pourraient s'appeler aussi
Kondja-Gul (Bouton de Rose), Gulchinasse,
(Servante de Rose), Chemsigul (Rose Solaire),
Purkiémal (la Parfaite) ou Durdané (Grain de
Perle), etc...

Pendant plusieurs siècles, une sorte d'enchantement mystérieux pesa sur les harems,
aujourd'hui traversés d'un souffle de révolte.
Les femmes d'autrefois étaient là comme des
Belles au bois dormant, et rêvaient en fumant
des narghilés et en dégustant des confitures.
Les nuages du rêve, au milieu de la griserie
des aromates, les empêchaient de voir les
misères de la réalité. Elles se résignaient à être
fatalement des esclaves, tandis que leurs sœurs
d'Occident étaient facilement des maîtresses.
A présent, c'est fini. Elles se sont éveillées,
paraît-il, et le désenchantement commence.
On les instruit, on les éduque, on les émancipe
intellectuellement à l'européenne. Et l'on voudrait les obliger en même temps à consentir

aux soumissions d'antan, à supporter toutes ces entraves démodées, tous ces voiles surannés ! C'est impossible. On ne pouvait les maintenir dans leur ancienne sujétion, qu'à la condition de les laisser dormir dans une heureuse nullité. Du moment que Zeyneb, Mélek et Djenane sont devenues intelligentes, on ne doit pas espérer qu'elles accepteront des tyrannies inintelligibles.

Les *Orientales* de Victor Hugo et les décors des Folies-Bergère nous ont habitués à un certain genre de turquerie. Nous nous figurons que le harem, c'est l'endroit où, parmi des odalisques pareilles à la belle Fatma, le pacha jette le mouchoir, en fredonnant la chanson de la *Sultane Favorite* :

> A toi tout mon peuple qui tremble !
> A toi Stamboul qui, sur ce bord
> Dressant mille flèches ensemble,
> Se berce dans la mer et semble
> Une flotte à l'ancre qui dort.

Et la favorite, en écartant le voile étendu

sur la sombre beauté de ses cheveux noirs et
et sur l'éclat langoureux de ses longs yeux en
amande, soupirait d'un ton dolent l'élégie de
la *Captive* :

> Si je n'étais captive
> J'aimerais ce pays,
> Et cette mer plaintive,
> Et ces champs de maïs,
> Et ces astres sans nombre,
> Si le long du mur sombre
> N'étincelait dans l'ombre
> Le sabre des spahis.

Cependant il y a des choses qui ne changent
pas. Une romancière turque, — car les femmes
d'aujourd'hui font des romans partout, même
en Turquie, — une romancière turque, madame
Fatmé Alié, a décrit, dans l'*Histoire de la
Joueuse de Luth*, non seulement l'intérieur
d'un harem, mais aussi les tragi-comédies
sentimentales qui peuvent troubler la bonne
harmonie d'un ménage ottoman. C'est très
simple, cette histoire. Un monsieur de Constantinople trompe sa vertueuse épouse et dis-

sipe sa fortune avec une jeune femme de
mœurs légères, qui appartient au monde des
théâtres... Est-il nécessaire d'aller jusqu'à
Constantinople et de savoir le turc pour voir
ces choses-là dans la vie ou dans les romans ?
Ce qu'il y a de plus turc en cette histoire, c'est
la douceur extraordinaire avec laquelle l'épouse
trompée se résigne à son sort.

Hors du harem.

Je me souviens d'une histoire vraie qui est
arrivée sous le règne d'Abd-ul-Hamid : c'est
l'escapade de trois jeunes beautés qui se sont
enfuies du harem d'un pacha pour aller à
Paris, tout simplement.

Il ne s'agit pas ici d'une de ces aventures
qui évoquent aux yeux du spectateur ébahi le
décor d'un sérail d'autrefois avec l'attirail des
yatagans traditionnels et du fatal lacet appor-
tés en cérémonie par les muets du Grand
Seigneur. Il s'agit de quelques désenchantées

très modernes, qui ne veulent plus s'exposer,
comme Sarah la Baigneuse,

> Ou Juana la Grenadine,
> Qui toujours chante et badine,

à finir leurs jours dans un sac de cuir, pêle-
mêle avec des chats enragés et des serpents
venimeux, au fond des flots bleus du Bosphore.
On ne goûte l'exotisme féroce des *Orientales*
que si l'on est séparé par cinq cents lieues du
sabre que brandit sur la tête des odalisques le
redoutable chef des eunuques noirs. Donc les
désenchantées se lassèrent de savourer l'arome
des narghilés d'argent, parfumés d'essence de
roses. La douceur du *rahat-loukoum*, pâte
saturée de vanille et incrustée de pistaches que
l'on mâche lentement, parut fade à leur goût
fatigué de sucreries. Après avoir dégusté toutes
ces friandises, elles eurent peur du mauvais
café. C'est pourquoi elles consultèrent l'indi-
cateur des chemins de fer, afin de connaître
l'horaire des trains en partance pour Paris.

Oh! ce Paris! De quelle passion curieuse et

fervente les yeux des désenchantées s'attachent à ce nom magique, inscrit en grosses lettres sur les cartes de géographie que l'on voit maintenant à Constantinople jusque dans les écoles des khodjas! Les syllabes de ce nom, sans cesse répétées par les échos des deux mondes, retentissent comme un lointain appel aux oreilles de tous ceux, de toutes celles qui souffrent de la sottise barbare et qui sont retenus dans une injuste captivité. Paris, c'est l'asile universel où se réfugient les victimes de l'éternel recommencement des iniquités sociales. On sait partout, sur la vaste terre, que l'hospitalité de Paris est libéralement ouverte à toutes les revendications et à toutes les doléances. Les femmes, surtout lorsqu'elles sont fugitives, y sont accueillies avec cette nuance de déférence qui est apparemment un des plus aimables traits de la politesse française.

Donc, les trois demoiselles du harem, après une odyssée fertiles en péripéties diverses, débarquèrent à la gare de Paris-Lyon-Méditerranée... Elles n'avaient plus de voiles musulmans ni de mante ottomane, ni de *feredjé* ni de *tcharchaf*. Elles avaient troqué leurs babouches contre des bottines à talons, qui sonnaient allègrement sur l'asphalte parisien.

Mais avant d'arriver à ce refuge tant désiré, combien de difficultés s'étaient opposées à leur périlleuse escapade ! C'est tout un roman vrai, qui éclaire d'une vive lumière l'histoire émouvante des *Désenchantées* de Pierre Loti. L'heure où les fugitives sortirent du harem fut impressionnante. Elles étaient déguisées, grimées à souhait, comme pour jouer la comédie. Une voiture mystérieuse les conduisit cahin-caha, à travers les rues défoncées de Stamboul, parmi les chiens hargneux qui se levaient en grognant au bruit des roues, jusqu'au quartier de Kassim-Pacha...

Stamboul dormait. Le clair de lune baignait de clartés blêmes les ruines du Vieux-Sérail, la tour délabrée de Galata, les palais déserts de la Corne-d'Or et du Bosphore, toute cette merveilleuse cité des *Mille et une Nuits*, dominée et comme écrasée par cet Escurial sans prestige, qui s'appelle Yildiz-Kiosk... Là-bas, le padischah veillait, gardé par ses Arnautes. Quelle ne serait pas sa colère en apprenant cette fuite nocturne de trois « hanoums » s'échappant du harem et profanant par cette escapade la loi sacro-sainte du divin Mahomet !

Moustapha-Pacha est la station-frontière, dernière halte des trains qui vont de Turquie en Bulgarie. Angoisse des voyageuses, blotties au fond de leur compartiment, dans le clair-obscur où clignote une lampe voilée d'étoffe bleue. Le train stoppe au milieu d'un paysage de neige, triste à faire pleurer les beaux yeux de la plus insouciante odalisque. La minute approche où les fugitives, enfin libres, vont se sentir hors de l'empire où commande leur légitime souverain. Trois jeunes cœurs, émus d'une espérance mêlée de crainte, battent à rompre le frêle satin des corsets parisiens qu'ont lacés les « hanoums » pendant les dernières heures de leur séjour au harem. Un bruit de lourdes bottes retentit dans le couloir du wagon. Une grosse voix crie, d'un ton rogue :

« Douane ! » Qu'Allah soit miséricordieux !... La porte du compartiment s'ouvre brusquement sous une poussée rude. Un homme de haute et large carrure apparaît, sanglé dans un ceinturon de cuir et boutonné jusqu'au menton dans une ample tunique. Il dit :

— Vos papiers, mesdames.

Elles ouvrirent leurs sacs de voyage, et remirent leurs passeports à cet homme grognon qui les passa au contrôleur en disant :

— Gardez ces passeports.

Les voyageuses, plus mortes que vives, ne bougeaient pas, mais une sueur froide, lentement, glaçait leurs tempes et leurs joues, faisait claquer leurs dents. Autour du train, des hommes vêtus de sombres uniformes, et munis de lanternes, allaient et venaient en vociférant. C'étaient, tout bonnement, des employés qui faisaient du zèle. Mais les trois échappées du harem s'imaginaient que leur fugue avait été dénoncée, et que, dans ces discours nocturnes entre Turcs musulmans et Bulgares chrétiens, il s'agissait de leur triste sort...

Oh! quelle intolérable vision hanta ces trois jeunes têtes, à peine libérées du joug héréditaire! On sait que l'imagination des bourreaux d'Orient est aussi inventive en supplices que la fantaisie effroyable des tortionnaires chinois. Ils sont vraiment supérieurs dans l'art de faire mourir avec lenteur les gens que l'on confie à leurs soins. Pendant l'interminable halte de Moustapha-Pacha, les fugitives crurent entrevoir, dans un épouvantable cauchemar, les marteaux avec lesquels on casse les dents, et aussi les tenailles qui servent à pincer les ongles, et enfin la trousse de petits couteaux avec lesquels on vous enlève sur le dos des lanières de peau vive La bastonnade sur la plante des pieds est presque une caresse, en comparaison de ces tortures. Rien que de penser à ces choses, on éprouve jusqu'au fond des moelles le frisson de la petite mort, les mâchoires grincent d'épouvante et les cheveux se hérissent de terreur [1].

1. Le *Mèchcroutietle*, organe constitutionnel ottoman, qui paraît à Paris, sous la direction du général Chérif-

Fort heureusement, à la halte de Moustapha-Pacha, les trois voyageuses en furent quittes pour la peur. Quelle joie lorsque la locomotive dérapa, et que le train repartit à toute vapeur vers Sofia !

La Bulgarie traversée, on entra en Serbie... La clarté de la lune brillait sur la blancheur des neiges.

Les trois jeunes fugitives songèrent au Bos-

pacha, et qui, en maintes rencontres, pour l'honneur de la Turquie, fut l'interprète éloquent des droits de l'humanité, a publié, dans son numéro d'octobre 1912 — sous ce titre : *Le Jardin des Supplices,* — le récit des tortures physiques et morales qui furent infligées, en 1910, c'est-à-dire deux ans après l'avènement du comité Union et Progrès, à Hadji-Kémal, cafetier dans le faubourg de Tcharchamba, et suspect de propos séditieux. On appliqua notamment à ce pauvre homme, pour lui faire dénoncer de prétendus complices, le *falaca,* instrument de torture qui consiste en un chevalet muni d'une corde au moyen de laquelle on serre les chevilles du patient pour lui infliger la bastonnade sur la plante des pieds avec des gourdins en bois de cornouiller. Il y a aussi le supplice du *fouroun-odounou,* qui consiste à faire mettre à genoux le patient, à lui passer, dans l'angle des genoux, entre les mollets et les cuisses, une grosse pièce de bois de chauffage, et, dans cette position, à lui tirer le corps en arrière, de telle sorte qu'il éprouve, dans les articulations des jarrets, une sensation de craquement. Le malheureux Kémal subit aussi le supplice du *domouz-topou,* qui fait se tordre les veines au point de se rompre, et toutes sortes d'autres atrocités.

phore, déjà lointain, aux Eaux-Douces d'Europe, aux caïques légers qui couraient accélérés par le rythme des rames, sur les flots nuancés des plus fines teintes de la turquoise et du saphir. Elles ne purent se défendre d'une sorte de nostalgie. Peut-être ont-elles murmuré en sourdine cette jolie chanson romantique de *Sarah la Baigneuse :*

> Je ne suis point Tartare,
> Pour qu'un eunuque noir
> M'accorde ma guitare,
> Me tienne mon miroir.
>
> Pourtant j'aime une rive,
> Où jamais des hivers
> Le souffle froid n'arrive
> Par les vitraux ouverts.
> L'été la pluie est chaude;
> L'insecte vert qui rôde
> Luit, vivante émeraude,
> Sous les brins d'herbe verts.
>
> J'aime de ces contrées
> Les doux parfums brûlants,
> Sur les vitres dorées
> Les feuillages tremblants ;

L'eau que la source épanche
Sous le palmier qui penche,
Et la cigogne blanche
Sur les minarets blancs.

Mais surtout, quand la brise
Me touche en voltigeant,
La nuit j'aime être assise,
Être assise en songeant,
L'œil sur la mer profonde,
Tandis que, pâle et blonde,
La lune ouvre dans l'onde
Son éventail d'argent.

Elles furent tirées de leur songerie par la soudaine apparition de la gare de Belgrade, toute resplendissante des feux de l'électricité. Dans cette éblouissante clarté, on voyait briller les baïonnettes d'un régiment d'infanterie aligné pour la parade. Les exilées ont pu croire que leur aventure finirait dans la capitale de la Serbie. Mademoiselle Setnour eut sérieusement l'intention de se tuer avec son mignon revolver à six balles, plutôt que d'obéir aux injonctions des autorités serbes qui la sommaient de descendre, elle et ses compagnes.

Finalement, elle préféra ne point se tuer, et suivre, avec ses deux amies, terriblement inquiètes, le premier secrétaire de la légation turque qui était chargé de les arrêter avec tous les égards dûs à leur condition. Elles furent prisonnières dans un hôtel ultra-moderne où Son Excellence le ministre de Turquie vint leur faire visite en s'excusant. Ce ministre, homme très fin, sentait combien sa position était ingrate.

Les captivités, dans les histoires de ce genre, sont toujours amusantes parce qu'elles sont toujours suivies d'une évasion sensationnelle. Quelques jeunes Serbes, très galants, vinrent offrir aide et assistance aux prisonnières, et leur proposèrent les moyens de s'en aller très loin du premier secrétaire et du ministre. L'une d'elles, mademoiselle Mirième, revêtit le brillant uniforme d'un officier de la garde royale serbe, et s'égaya de ce rôle travesti, qui lui donnait droit au salut militaire. Même, on dessina, sous son petit nez, au-dessus de ses lèvres roses, une ombre de moustache qui lui seyait à ravir. Les autres jeunes « hanoums »

revêtirent divers autres déguisements, et toutes
s'en allèrent chez un riche banquier des environs
de Belgrade, qui réussit à dépister les plus fins
limiers du sultan. De là, on les mena discrètement vers l'Orient-Express, et désormais
assurées d'aboutir au terme de leur voyage,
elles s'amusèrent, paraît-il, chemin faisant, à
réciter du Verlaine.

— Regardez, disait mademoiselle Djenane,
regardez comme

Le paysage dans le cadre des portières
Court furieusement.....

— Verlaine, reprit-elle, a dû faire un semblable voyage lorsqu'il a parlé de ce

tourbillon cruel
Où tombent les poteaux minces du télégraphe
Dont les fils ont l'allure étrange d'un paraphe.

Elles traversèrent la Syrmie, la Croatie et
ses interminables forêts de hêtres, les plaines
esclavonnes et arrivèrent, par le chemin des
écoliers, aux lagunes de Venise.

Elles voulaient voir du nouveau... Admirer

Venise, le quai des Esclavons, le pont des Soupirs, le trésor de Saint-Marc, le palais des Doges... Oh! le Corrège, le Titien, Paul Véronèse, l'*Apothéose* du Tintoret, les fresques de Tiepolo, la *Vie de sainte Ursule*, par Carpaccio, quel rêve et quels délices !

Enfin par Milan et Vintimille, elles entrèrent sur le territoire de la République française[1]. Là seulement, elles se sentirent tout à fait libres. Désormais, elles eurent le droit de faire des conférences, d'assister à des meetings et d'écrire dans les journaux. Elles se moquèrent de la censure qui à Constantinople, s'opposait cruellement aux libertés de la Presse. Elles furent très contentes, et se firent « interviewer » par les plus brillants chroniqueurs de Paris.

Cérémonies turques.

Je me souviens d'avoir vu, au théâtre de la Porte-Saint-Martin, le rideau s'abaisser lente-

1. *Hors du Harem*, par Marcelle de Weissen-Szumanska.

ment, comme à regret, sur la cérémonie turque
du *Bourgeois Gentilhomme*. Le turban de
Coquelin, ce turban sublime, rouge et vert,
enguirlandé de perles, scintillant d'aigrettes
diamantées, disparaissait derrière la toile,
comme le soleil couchant derrière un nuage...
Et aussi le sabre de Coquelin, non moins
recourbé que le yatagan du Prophète... Et le
caftan de Coquelin, tout en satin blanc, avec
un lion brodé en or, symbole de la puissance... Et enfin cette admirable figure de
Coquelin, figure dont les aspects multiformes
étonnaient les vivants et ressuscitaient les
morts (figure universelle, pour ainsi dire, et
« mondiale » et encyclopédique), dont l'incessante métamorphose, après avoir montré aux
deux mondes tant de personnages divers, résumait, ce soir-là, trois siècles de bourgeoisie,
incarnait la dynastie de cet excellent monsieur
Jourdain, qui, las d'être berné par l'aimable
Dorante, ou désespérant de se hausser jusqu'à
lui, résolut de guillotiner révolutionnairement
ce gentilhomme, acheta au rabais quelque

16.

château sans maître et fit souche de barons ou de comtes sous l'empereur Napoléon... Tout ce morceau d'histoire disparaissait dans une clarté d'apothéose, ennoblie par la prose de Molière, égayée par les violons de Lulli.

Mais pourquoi tous ces Turcs?

De loin, comme si j'étais encore sur le boulevard, parmi la foule des noctambules que la sortie des théâtres précipite à la recherche des fiacres et au pourchas des autobus, j'entends encore l'écho de ces mots exotiques : *Marababa sahem... Cacaracamouchen... Jordina Salamalequi... ba la ba la chou, ba la ba ba da... Mamamouchi...*

A quoi rimait toute cette turquerie?

Tandis que j'essayais en vain, dans cette méditation rétrospective, de découvrir, avec le seul secours de mes lumières, les raisons qui ont engagé notre Molière à mettre dans sa comédie en une si étrange mascarade de muphtis, de derviches, de pachas et de mamamouchis, j'aperçus à la terrasse d'un café de Péra, devant un bock mousseux, un de mes amis qui depuis longtemps est consul dans les Échelles du Levant.

— Parbleu, lui dis-je, vous allez me tirer d'un doute. J'ai applaudi autrefois Coquelin, dans le *Bourgeois Gentilhomme*, et j'en suis à me demander pourquoi Molière a eu la fantaisie d'introduire dans sa comédie le fils du Grand-Turc.

— Ce n'est pas une fantaisie, répondit mon ami le consul. Si Molière a daubé sur son Altesse Turque, c'est qu'il en avait reçu l'ordre du ministre des Affaires étrangères.

— Ah bah !

— C'est comme je vous le dis.

Mon ami le consul a pris en Orient l'habitude d'éviter en parlant cette fièvre hâtive dont les Parisiens sont tous plus ou moins atteints. La société de ces dignitaires ottomans, qui expriment leur pensée avec une lenteur cérémonieuse entre deux bouffées de leur pipe en bois de jasmin, l'accoutuma dès longtemps aux voluptés du silence et aux délices de la méditation. Il me laissa le loisir de songer mûrement aux relations imprévues de Molière avec le corps diplomatique. Après quoi, il reprit son discours, d'un ton calme et fort posé :

— La comédie-ballet du *Bourgeois Gentil-homme* n'a pas été composée pour les specta-teurs en redingote noire ou en habit à queue de morue qui occupent à présent les baignoires ou les fauteuils des théâtres parisiens. La pre-mière représentation de cette pièce eut lieu, si je ne me trompe, au château de Chambord, pendant l'automne de 1670. C'était un divertis-sement spécialement destiné au roi Louis XIV, à ses ministres et à sa cour.

— Je vous entends. Mais la cérémonie turque ?

— Nous y arrivons. Le scénario de cette cérémonie est conservé dans les archives du quai d'Orsay. L'obligeant fonctionnaire qui est préposé à la garde desdites archives, vous communiquera volontiers ce dossier facétieux.

— A merveille.

— Voici ce qui arriva, quelque temps avant le divertissement de Chambord. En ce temps-là, le Grand Turc, qui s'appelait Mahomet IV, envoya chez nous un ambassadeur extraordinaire, chargé de mettre fin aux zizanies qui divisaient alors la Sublime Porte et le cabinet de Versailles. Cet ambassadeur se nommait Suleyman aga. Et les dignités qu'il avait obtenues dans son pays lui donnaient le droit de porter le titre de *mutaferraca*.

— Qu'est-ce cela?

— C'est une variété de mamamouchi. Ce Suleyman, tout pénétré de son importance, était très arrogant. Il méprisait les Infidèles. Nous étions, à ses yeux, des chiens de chrétiens, des giaours. A peine débarqué sur le quai de Toulon, il s'empressa de nous offusquer par mille impertinences. Aux portes de Marseille, il prétendit recevoir le compliment des échevins sans descendre de cheval, ce dont les Marseillais furent scandalisés. Bref, cet ambassadeur, vraiment extraordinaire, manifesta partout une gravité insolente qui méritait une plaisante leçon.

— Ah! j'y suis.

— Quand on apprit que le *mutaferraca*, suivi d'une vingtaine d'autres mamamouchis de la même importance, approchait de Paris, on abrégea les formalités en l'installant dans la banlieue, à Issy. Beaucoup de badauds, et des plus qualifiés, allèrent dans ce village afin de contempler « Son Excellence mahométane » dont le bonnet blanc en forme de pain de sucre faisait l'entretien de la ville et de la cour. Cependant les bureaux des Affaires étrangères s'occupent de régler le cérémonial relatif à la réception de ce noble visiteur. Le roi a prescrit que le secrétaire d'État des Affaires étrangères recevrait cette ambassade, en se conformant, par courtoisie diplomatique, aux usages de la Porte Ottomane. En conséquence, on a réglé une cérémonie turque où le premier rôle est naturellement dévolu à monsieur de Lionne.

» Monsieur de Lionne, ministre secrétaire d'État pour le département des Relations extérieures, possédait une maison de campagne à Suresnes. La grande salle de cette maison fut aménagée à la mode orientale.

» Monsieur de Lionne, tenant emploi de grand-
vizir, a étudié pendant plus d'une semaine les
manières, les attitudes et les gestes des mamamouchis. Il a fait dresser dans sa maison une
estrade que recouvre un tapis de Perse, tissé
d'or et de soie. Sur cette estrade, le ministre
occupe un lit de repos, tout resplendissant de
dorures. Il imite de son mieux les gestes que
fait le grand-vizir de Sa Hautesse, lorsque cet
orgueilleux dignitaire consent à recevoir les
ambassadeurs étrangers.

» Un drogman grec s'est chargé de cet emploi
d'interprète, dont s'acquitte si bien l'ineffable
Covielle, dans la cérémonie du *Bourgeois Gentilhomme*. Quelques jeunes diplomates, plus ou
moins instruits des choses du Levant, se tiennent debout dans la salle, au-dessous du sofa.
On a mis partout des étoffes précieuses, des narghilés, des chibouques. Plusieurs seigneurs et
dames de la cour ont été invités à ce spectacle
officiel et réjouissant.

« Monsieur de Rives ,intendant du ministre,
s'est transformé pour la circonstance en kiaya

bey. C'est donc lui qui est allé chercher le Turc au seuil de la maison. Il lui a offert le café et les cigarettes de l'hospitalité. Ensuite, il l'a introduit dans une chambre où il l'a fait attendre huit heures. C'est à peu près le temps que les vizirs du Grand Seigneur employaient à laisser se morfondre nos ambassadeurs. Cette petite revanche était assez légitime.

» La huitième heure vient de finir. L'envoyé extraordinaire est enfin admis en présence du secrétaire d'État. Son Excellence mahométane entre avec ses gens, s'arrête au milieu de la salle, et, gravement, fait semblant de ramasser de la poussière avec sa main droite, et de porter cette poussière à son cœur, à ses lèvres, à son front. C'est le salut des Orientaux. Cette pantomime veut dire : « Mon cœur, ma bouche et mon esprit sont à toi, fais-en ce que tu voudras. » A ces protestations d'amitié, monsieur de Lionne répond en soulevant à peine le bord de son chapeau. Et il se couche nonchalamment, sur son sofa, en signe de mépris. Alors, un icoglan apporte un tabouret pour Suleyman. Ce tabouret doit être placé au bas de l'estrade. Il importe en effet de marquer toute la distance qui sépare le grand-vizir du roi de France d'un envoyé du Grand-Turc.

» La conversation s'engage, assez péniblement. Monsieur de Lionne affecte d'abord de ne pas répondre aux discours, d'ailleurs très brefs, du Turc. Mais il faut que Suleyman n'ait pas l'illusion de se croire tout à fait en Turquie. On doit lui expliquer le caractère et la puissance de « cet empereur de France », auprès duquel il est accrédité. Les scribes des Affaires étrangères nous ont gardé le procès-verbal de ce dialogue historique.

» — Je vous apprends, dit M. de Lionne, qu'il n'y a dans cet empire ni un grand-vizir, ni trois, ni autre autorité que celle de l'empereur même, dont tous les ministres ne sont que de simples exécuteurs des ordres qui partent tous les jours et à tous moments de sa propre bouche en toutes sortes d'affaires... Aussitôt que notre empereur eut atteint l'âge de gouverner par lui-même, il s'est réservé à sa personne seule toute l'autorité, n'en communique aucune portion à qui que ce soit, voit tout, entend tout, ordonne tout, travaille sans discontinuation huit heures par jour à ses affaires et à rendre la justice à ses sujets, et s'est rendu lui-même, par cette conduite, les délices de son peuple et l'étonnement et l'admiration de toute la chrétienté! Moi-même, que vous voyez ici placé comme un grand-vizir le serait à Constantinople, je ne suis qu'un petit secrétaire de Sa Majesté impériale, qui n'ai d'autre fonction que d'écrire, soir et matin, les résolutions qu'Elle prend dans les affaires qui regardent l'emploi particulier que j'ai... Ses autres secrétaires en usent de même, chacun dans l'emploi dont l'empereur les honore.

» — Je ne suis pas venu ici, répliqua Suleyman, pour apprendre comment la France est gouvernée.

» — N'avez-vous pas, demanda monsieur de Lionne, une lettre de votre maître pour Sa Majesté?

» — Oui.

» — Donnez-la moi.

» — Non. Je dois remettre cette lettre à l'empereur de France, en mains propres. Il y va de ma tête. »

» A ce moment, l'intendant fait un signe. Les serviteurs du comte de Lionne apportent des sorbets, des cassolettes, des parfums, des pastilles du sérail. Ils se mettent à genoux devant le ministre pour lui offrir ces bonnes choses. Mais ils les présentent debout à Suleyman. Dans les audiences du grand-vizir, cette cérémonie turque signifie que le visiteur est invité de s'en aller, que l'audience est finie.

— Ah !

— Parfaitement. Le *mutaferraca* comprit, salua et sortit, sans que monsieur de Lionne esquissât un mouvement pour l'accompagner. Son cortège le suivit. Et, comme l'heure de la prière était venue, Suleyman et ses gens firent leurs génuflexions, prostrations et autres mômeries, sans s'occuper des curiosités de la compagnie assemblée en cet endroit. Les dames invitées par monsieur de Lionne à ce divertissement de haut goût avaient toutes les peines du monde à garder leur sérieux.

— C'est admirable !

— Attendez. La plus belle scène de cette comédie, ce fut l'audience royale, au château de Saint-Germain. Le roi Louis XIV est assis sur son trône, au milieu de toute sa cour. Ce trône est en argent massif. Le manteau royal, en velours d'azur fleurdelysé d'or, est constellé de mille feux par les diamants de la couronne. Le roi pontifie dans une auréole de lumière. Sa Majesté veut éblouir le messager de Sa Hautesse. On a résolu, — malgré les règles de l'étiquette, qui refusent à un envoyé du sultan le droit d'être reçu par le roi très-chrétien, — on a résolu de contrevenir aux lois du protocole et d'accorder les honneurs de l'audience à Suleyman-aga-mutaferraca.

» Le Turc est donc introduit, en grande pompe. Mais il n'est pas étonné par les splendeurs du Roi-Soleil. Il ne regarde pas les facettes des pierreries qui, de toutes parts, lui jettent de la flamme aux yeux. Il n'admire pas les

hoquetons des mousquetaires ni les soubre-
vestes des chevau-légers. On dirait que ce
Turc a réservé pour le baldaquin du Grand
Seigneur tout le respect dont il est capable.
Enturbanné de soie, drapé dans un caftan
de drap cerise, il monte hardiment les degrés
du trône. Il tire de sa ceinture l'épître de son
maître. Et, par un comble d'insolence, il ose
exiger que Louis XIV se lève pour recevoir
ce manuscrit. C'en est trop, à la fin ! Cette
prétention, comme de juste, est repoussée.
Louis XIV prend la lettre, sans autre forme
de procès. L'acariâtre Suleyman, très vexé, se
retire en recommandant à ses valets de
regarder leurs pieds, afin de ne point voir les
prétendues magnificences des mécréants. Un
courtisan ayant essayé de lui faire remarquer
les rubis, les turquoises, les émeraudes, les
améthystes et les perles dont était cousu le
vêtement du roi, il répondit : « La croupière du
cheval de mon maître est ornée de pierreries
plus précieuses, quand Sa Majesté va se prosterner à la mosquée, le jour du sélamlik. »

— En vérité, l'étrange Turc !

— C'est alors que la diplomatie eut recours à la comédie pour montrer au sultan que nous nous moquions de lui, et que les façons de ses ambassadeurs ne nous imposaient point. La diplomatie française a résolu de se venger des impertinences du Turc. Un jeune gentilhomme marseillais, le chevalier Laurent d'Arvieux, connu à la cour pour son expérience des coutumes et des ridicules du Levant, déjà employé, par les gens du roi, à diverses missions, est allé trouver, par ordre, le comique Molière, dans sa maison d'Auteuil. Il prescrivit à l'auteur de *Tartufe* d'ajouter une cérémonie turque, une carnavalesque mascarade de matassins à la comédie-ballet qu'il préparait alors pour l'amusement de la cour. C'était un sujet d'actualité, comme nous dirions aujourd'hui, un « numéro de revue ». Il faut se rappeler tout cela si l'on veut comprendre les allusions qui foisonnent dans ces scènes plaisantes : « Il s'est fait, depuis peu, dit Covielle, une certaine mascarade qui vient le mieux du monde ici... Tout cela sent un peu sa comédie... » Monsieur de Lionne et ses invités riaient aux éclats en songeant aux incidents de Marseille et à la parodie de Suresnes.

— Évidemment.

— Ceci encore : « Il a un train tout à fait magnifique, tout le monde le va voir, et il a été reçu en ce pays, comme un seigneur d'importance. »

— C'est clair.

— Et quand on pense que des commentateurs sérieux ont cru que Molière avait voulu, par la cérémonie turque, travestir les rites du culte chrétien!... C'est un comble!...

» Lulli, l'excellent grimacier, a endossé l'accoutrement du mufti et fait rire tout le monde par ses singeries. Chacun trouve que son énorme turban, garni de bougies allumées, est du meilleur goût. Les derviches en bonnets pointus apportent l'Alcoran et sont salués par les applaudissements de l'auditoire. Les Turcs baragouinent : *Jordina salamequi, Cacaracamouchen... Marababa sahem... Ha la ba ba*

la chou, ba la la, ba la da... Hou... Hou...
Hou...

» Et la gravité du roi lui-même est déridée
par les simagrées de Lulli :

> Dara, dara
> Bastonnara,
> Dara, dara
> Bastonnara.

» On raconte que Suleyman ayant su que
son ambassade avait été mise en ballet par
les comédiens du roi, se contenta de dire en
haussant les épaules : « Ce Molière ne sait ce
qu'il dit. Il croit que nous donnons la bastonnade sur le dos. Nous la donnons sur la
plante des pieds aux gens de son espèce. »

— Merci de vos bons renseignements.

— Ce n'est pas tout. Le conseil du roi
songeait aux affaires sérieuses. On décida de
frapper l'imagination des Ottomans par l'envoi
d'une ambassade fastueuse, qui, en ramenant
aux rives du Bosphore le fâcheux Suleyman,
répandrait outre-mer la renommée du roi de
France.

L'excellent consul me raconta donc comment le marquis de Nointel fut ambassadeur du roi Louis XIV auprès de Mahomet IV, sultan des Ottomans.

A l'ambassade de France.

En ce temps-là, M. de la Haye-Vantelet, qui représentait nos intérêts dans les États du Grand Seigneur, et qui avait montré plus de bonne volonté que d'adresse, reçut avis que le roi, après mûre délibération en conseil des ministres, mettait fin à sa mission. Le choix de son successeur fut l'objet d'un long et difficile examen.

Il y avait alors à Paris, un magistrat mondain, artiste et volontiers nomade, qui s'appelait Charles-Marie-François Olier, marquis de Nointel.

Gai compagnon, voyageur au pied leste, d'humeur joyeuse et d'estomac intrépide, M. de Nointel avait suivi à travers l'Europe ce petit Coulanges, dont madame de Sévigné

a vanté l'esprit agréable et le caractère ave-
nant. Ils avaient assisté tous les deux, par
simple badauderie, à l'entrée des ambassadeurs du roi dans la ville de Francfort, à l'occasion de l'assemblée des électeurs de l'Empire. Quelle cavalcade, grand Dieu! Jamais
on ne vit tant de cuisiniers, de suisses, d'é-
cuyers, de pages, de trompettes, de timbaliers,
de chevaux et de carrosses. Mais c'était, pour
deux jeunes diplomates, l'occasion de voir
toute l'Europe en raccourci. D'ailleurs. MM. de
Nointel et de Coulanges, conviés à un repas de
gala par le duc régnant de Wurtemberg, furent
obligés de manger, par politesse, chez ce seigneur, qui s'appelait Evrard VIII, au château
de Stuttgart, des oisons farcis aux pommes
cuites, des poulets aux pruneaux et des pâtés
aux clous de girofle. Le duc de Wurtemberg,
leur hôte, s'était mis en frais pour les bien
traiter. En compagnie des princes et des prin-
cesses de la cour wurtembergeoise, ils virent
passer sur la table force viandes noires, mai-
gres, sèches, pimentées et poivrées à la mode

du pays. C'étaient des ragoûts extraordinaires. Un écuyer tranchant, brodé d'or sur toutes les coutures, s'évertuait à servir convenablement la compagnie. Pas de conversation possible. A chaque instant le bon duc commençait mille santés et l'on buvait tantôt du vin blanc, tantôt du vin clairet, dans de grands hanaps d'une *hauteur démesurée. A la fin de ce repas ridicule,* pendant lequel les jeunes gentilshommes parisiens pensèrent sans doute à Boileau, le duc porta *la santé du roi de France, et ensuite* de toutes les puissances de la terre. Ce fut un rude choc à supporter. Coulanges, ayant demandé de l'eau, on lui répondit que l'eau n'entrait jamais dans *la salle d'un si grand prince* que M. le duc régnant de Wurtemberg.

Les deux jeunes diplomates lui firent raison très régulièrement. Après ce repas de burgraves, au sortir de table, ils avaient plus besoin de dormir et de se reposer que d'aller à la chasse. Pourtant le duc, n'oubliant pas qu'il était grand-veneur du Saint-Empire, invita ses hôtes, séance tenante, à une battue de sangliers. Le duc tua de sa main plusieurs grosses bêtes, aussi bien que les princes, son frère et son fils; et la chasse, après avoir duré quatre heures, finit avec la vie de soixante-six sangliers et même de quelques biches et daims. A peine fut-on retourné dans la ville, encore étourdi des santés du matin, qu'il fallut se remettre à table pour souper, hormis deux ou trois convives qui, malades d'avoir trop dîné, s'échappèrent pour aller se coucher.

Et c'est ainsi que le marquis de Nointel fit son apprentissage diplomatique.

Les deux amis quittèrent l'Allemagne et arrivèrent à Rome le 25 mars 1658. Dans cette cité illustre et vénérable, Nointel s'éprit d'une violente passion pour les antiquités.

Il était voyageur. Il était dîneur. Il était collectionneur et archéologue. Tout le désignait donc au rang d'ambassadeur dans les pays du Levant. Ajoutons qu'il avait de l'esprit et que plusieurs personnes de fort bon goût recherchaient son entretien. M. de Pomponne le tenait en particulière estime. Le grand Arnauld et **M.** Nicole appréciaient son savoir et la sûreté de son commerce. Il fréquentait chez les caillettes et tournait fort agréablement le madrigal. Bref, c'était, comme on disait alors « un honnête homme ».

Conseiller au parlement de Paris, et plus enclin au luxe des cortèges de cour qu'à l'austérité de la chambre des requêtes, il quitta sans regret l'office de judicature où il était las de se ruiner sans gloire. Hardi, entreprenant, âgé de quarante ans à peine, célibataire, libre, il accepta joyeusement la mission d'imposer au Grand-Turc les « Capitulations. »

— Monsieur, lui dit le roi, je vous ai choisi sur le bien que l'on m'a dit de vous.

M. de Nointel s'embarqua donc le 21 août 1670, dans le port de Toulon, à bord de la frégate du roi, la *Princesse*. Il était en nombreuse compagnie. Vingt-sept gentilshommes, empanachés de plumes, chamarrés d'or et d'argent, formaient son escorte. Une suite innombrable de secrétaires et de drogmans composaient le personnel de ses bureaux. Il emmenait des officiers de cuisine et d'écurie, une troupe de musiciens et des gardes du corps. Ce n'est pas tout. MM. Nicole et Arnauld avaient offert au marquis de Nointel la collaboration d'un jeune théologien, spécialement chargé de savoir si les églises d'Orient admettaient la « présence réelle ». L'enquêteur désigné fut un jeune professeur du collège Mazarin. Il se nommait Galland. Il traduisit plus tard les contes des *Mille et une Nuits* ...

Nointel emmena enfin, à sa suite, presque dans ses bagages, le pauvre Suleyman, déchu et penaud.

L'ambassadeur put méditer à loisir les instructions très détaillées que Colbert avait rédigées sur le chapitre des Capitulations. *Ledit sieur de Nointel doit être informé que... Sa Majesté veut que le sieur de Nointel*, etc... Cela continuait ainsi pendant des pages et des pages. Mais la traversée, retardée par les bourrasques de l'équinoxe d'automne, dura environ trois mois.

La frégate la *Princesse*, commandée par

M. Dumée d'Aplemont, était convoyée par quatre vaisseaux de haut bord, armés en guerre. L'aspect de ces quatre navires, avec leurs triples sabords, leurs châteaux de poupe, et leurs proues sculptées en figures de sirènes, était superbe. Le vent gonflait joyeusement les grand'voiles, les volants de hunier, les brigantines.

Quand cette imposante escadre parut à l'entrée de la Corne d'Or, tous les flâneurs de Constantinople (et Dieu sait s'ils sont nombreux) descendirent vers la mer, afin de contempler ce spectacle. Et la foule étonnée vit cette chose inouïe, invraisemblable, effrayante : une escadre de giaours, doublant la pointe du Sérail sans saluer, par une canonnade, le pavillon turc. Les vaisseaux du roi de France, un à un, viraient de bord, et, silencieusement, carguaient leurs voiles, mouillaient leurs ancres. Ces énormes bâtiments, sombres et muets, semblaient couver un prochain orage. On n'entendait que les commandements des officiers, le sifflet des maîtres d'équipage, le grincement des chaînes dans les écubiers, le roulement sourd des tambours. On voyait les baïonnettes des gardes-marine briller sur le tillac et sur la dunette, à la coupée, dans les coursives. L'insolence hautaine de cette entrée bouleversa la ville, autour des mosquées. Les musulmans, exaspérés, tiraient leurs coutelas et brandissaient leurs matraques. Les chrétiens, épouvantés, se sauvaient à toutes jambes, s'enfermaient chez eux, sous triple verrou. Et les canons du roi de France restaient toujours muets et menaçants, dans l'évasement des sabords...

Heureusement les timoniers de l'escadre française, en promenant leur longue-vue sur les jardins et les kiosques du Vieux-Sérail, aperçurent une femme qui errait à l'ombre des cyprès et des cèdres, parmi les jasmins et les roses du palais impérial. C'était la sultane Validé. Cette princesse était une Russe, jadis enlevée par des pirates et vendue au Grand-Turc. Elle fit demander, en son nom personnel, le salut de la France. Aussitôt la courtoisie française s'em-

pressa d'accorder à la prière d'une femme ce
que notre fierté légitime refusait aux exigences
des pachas, des muftis et des janissaires. En
un instant, l'escadre arbore le grand pavois.
Les pavillons, les banderoles, les flammes se
hissent aux étais, glissent sur les drisses, grim-
pent aux vergues de misaine, au grand perro-
quet, au grand cacatois, à la hune d'artimon, et
couvrent nos vaisseaux d'un flottement multicolore, qui claque et frissonne au vent, comme
un joyeux battement d'ailes. Les canonniers
mettent le boute-feu aux culasses. Aussitôt
nos caronades, nos couleuvrines, nos mortiers,
nos bombardes éclatent en fracas de tonnerre,
crachent du feu, vomissent de la fumée. Et ces
terribles bordées dont frémit Constantinople,
obligent les canons turcs à répondre par un
jappement de roquets enroués.

Le 10 novembre, M. de Nointel, ambassadeur de France, fit son entrée solennelle dans
la capitale du sultan Mahomet IV, qui se disait
Commandeur des Croyants et lieutenant de
Dieu sur la terre. Cent coups de canon le

saluèrent par une salve de détonations formidables, lorsque son canot démarra du bordage de la *Princesse*, et lorsque ses marins jetèrent le grappin sur la berge de Foundoucli. L'infanterie, la cavalerie turque, cent janissaires, avec leur tchorbadji empanaché d'une grande aigrette, rendaient les honneurs en présentant le mousquet ou en renversant la pique. Les cavas consulaires écartaient la populace à l'approche du cortège, qui montait en cérémonie, au milieu d'une grande affluence de curieux, vers le palais de France. Les drogmans grecs de l'ambassade, en longue pelisse et bonnet fourré de martre zibeline, ouvraient la marche. Puis, c'étaient la maison de l'ambassadeur, sa livrée, ses mules, ornées de têtières en métal et de franges soyeuses. M. de Nointel montait un admirable alezan dont la housse pendante était soutenue par six estafiers. Jamais ambassadeur ne fut mieux équipé ni vêtu avec plus de magnificence. Un feutre empanaché de plumes s'inclinait crânement sur sa chevelure noire et ombrageait son

visage dont la mine, naturellement impé-
rieuse, était rehaussée par la hautaine fierté
d'une moustache en crocs, retroussée à la
façon des mousquetaires. Son justaucorps
chamarré d'or était tout bruissant de cannetilles. On ne saurait dire combien d'aunes de
soie furent dépensées pour les nœuds de son
pourpoint, pour les bouffettes de ses souliers,
pour les glands de son écharpe. Les reflets du
saphir, de la topaze et de l'émeraude brillaient
aux agrafes de son manteau et à la coquille de
son épée. Après « monseigneur l'ambassadeur », marchaient, en bel appareil, les vingt-
sept gentilshommes de l'escorte et les officiers
des vaisseaux du roi. Toute cette noblesse de
France, gravissant d'un pas délibéré la montée
de Péra, semblait prendre d'assaut un pays
lestement conquis. Cette pompe théâtrale ef-
frayait un peu la modestie du bon théologien
Galland, disciple effarouché de M. Arnauld et
de M. Nicole...

Il est évident que M. de Nointel régla son
défilé sur le modèle des « entrées d'ambassa-

deurs » dont il avait admiré jadis, au congrès de Francfort, les piaffes, les fringues et caracoles. Mais sa mission ne consistait pas seulement à stupéfier les Orientaux par des splendeurs dignes des *Mille et une Nuits*. Quand il fut rentré au palais de France, l'oreille encore tintante des salves tirées en son honneur, il se débarrassa de son harnais de parade et relut les instructions de Colbert. La tâche que lui prescrivaient ces instructions était malaisée. Il devait, avant tout, obtenir le renouvellement des Capitulations et faire reconnaître par des clauses formelles le protectorat de notre nation sur tous les catholiques de l'empire ottoman.

Une pareille prétention n'allait pas sans de graves difficultés, ni sans quelque péril. La politique de la Sublime Porte était alors aux mains du grand-vizir Ahmed Kupruli, homme dur, autoritaire, rébarbatif, dont la première entrevue avec M. de Nointel ne fut point cordiale. Le farouche Ahmed ne sortit de son morne silence que pour dire à notre ambassadeur : « Mon maitre, roi des rois, poursuit, surmonte et tue les bêtes les plus farouches. Mais quand il sera las de répandre leur sang, il répandra celui des hommes. » M. de Nointel ayant essayé de ramener l'entretien à un ton plus affectueux, le terrible vizir reprit : « Il se peut que votre roi soit un puissant monarque, mais son épée est encore neuve. » Sur le sujet des franchises commerciales qu'exigeait notre diplomatie, Ahmed se contenta de murmurer : « Comment un aussi grand prince s'intéresse-t-il autant à de vils marchands? » Le voyageur Chardin, présent à ce dialogue aigre-doux, en fut ébaubi. Et les premières dépêches du marquis de Nointel, datées d'Andrinople, signalèrent au secrétaire d'État des Affaires étrangères la « sécheresse » de cette conversation.

Reçu en audience par le sultan Mohamet IV, gros courtaud, noir comme un Maure, M. de Nointel n'obtint que cette réponse : « Adressez-vous à mon père nourricier. » Ce qui voulait dire : « Allez voir le grand-vizir. »

Les Turcs sont coutumiers de ces atermoiements et de ces remises sempiternelles. *Bakaloum...* c'est encore aujourd'hui leur formule incorrigiblement dilatoire. On profita des cérémonies du Ramadan et des fêtes du Baïram pour dire au marquis de Nointel : « A demain les affaires sérieuses. »

Notre ambassadeur eut la consolation de voir l'illumination des minarets, d'entendre des musiques criardes et d'assister au passage du Grand-Turc, se rendant processionnellement à la mosquée pour invoquer Allah. Il énuméra soigneusement dans ses dépêches tous les mamamouchis qui cheminaient derrière Mahomet : le « mufti », le « kiaya », l' « aga des janissaires », le « kasnadar », surintendant des finances, ancien « mignon » de Sa Hautesse, les « tchaouchs », munis d'un bâton d'argent, les « mutaferracas », vêtus de satin, les « tchorbadjis-bachis », habillés de velours, les « capidjis » (concierges du sérail), en robe de brocart d'argent, avec un pot de fleurs dans le dos, les « solaks » au casque empenné, les

« peiks », étincelants de plaques, de chaînettes, de gourmettes, dont le cliquetis métallique rythmait le pas des janissaires. Le sultan Mahomet était remarquable par la hauteur
démesurée de son turban côtelé comme une
pastèque. Tous ces personnages, dit un historien bien informé, « étaient lourds, barbus,
d'aspect sévère, de mœurs infâmes ».

M. de Nointel comptait venir à bout de ce
gouvernement par la ténacité de sa patience et
par la vertu de ses « bakchichs ». Il avait eu
soin d'apporter une cargaison de montres à
répétition, de pendules et d'horloges, se disant
que ces mécaniques de Paris finiraient bien
par sonner, à Constantinople, l'heure des
capitulations.

En attendant le succès de son entreprise, il
visite en compagnie de Galland, déjà orientaliste, les curiosités de Stamboul. Sous les
voûtes fraîches du bazar, il marchande des
tapis, il achète des bibelots, il recherche des
manuscrits rares. Infatigablement curieux, il
se mêle aux multitudes cosmopolites qui font

de la tour de Galata une tour de Babel. Il
s'amuse à errer parmi les Arméniens et les
Grecs, qui ont vite dépisté son incognito et
le saluent, dans les ruelles du bézestin. Les
Juifs lui proposent des marchés. Et, dans les
ferrailles ou les oripeaux qu'on lui offre, il découvre parfois des objets précieux, des reliques
charmantes et vénérables du primitif Islam.

Entre temps, il va voir à Andrinople le départ du sultan pour la guerre. C'est un spectacle
unique, un tumulte indescriptible, une cohue
de féerie. L'approche du souverain est signalée
par des porte-enseignes qui font flotter très
haut, dans l'azur, des queues de cheval et des
étendards de soie. Les six vizirs précèdent le
Coran, *exposé sur un dromadaire que conduit*
un Arabe. Voici la cavalerie des fauconniers,
l'émerillon au poing, la meute des lévriers
parés de brocart et des tigres apprivoisés,
dressés à chasser le lièvre. Les chevaux du sultan passent fiers et doux, le poitrail étoilé de
joailleries, la croupe ondulant sous les capa-
raçons de velours et de soie. Mahomet est

presque beau sous les pendeloques d'acier qui encadrent son visage et sous l'aigrette qui frissonne au cimier de son casque. On renonce à décrire un tel flamboiement d'acier, un pareil bariolage de couleurs, et cette profusion de pierres précieuses si scintillantes qu'on dirait qu'une pluie d'escarboucles a ruisselé sur la horde du khalife.

La race d'Osman commande le respect lorsqu'elle s'ennoblit de ce faste belliqueux, où l'engage une instinctive vocation. Le futur traducteur des *Mille et une Nuits*, Antoine Galland, ravi d'extase, écrit sur son carnet cette note :

« Si mademoiselle de Scudéry avait pu se forger dans l'imagination quelque chose de semblable, et qu'après l'y avoir représenté avec le crayon de son élégante plume, elle lui eût donné place dans quelque endroit de ses ouvrages, tous ceux qui y prennent plaisir à cause du vraisemblable qu'elle a toujours tâché d'y observer, n'en feraient plus la même estime après avoir lu ce morceau qui, bien

loin de leur paraître vraisemblable à l'ordinaire, leur paraîtrait encore au-dessus des
extravagances des paladins et de nos Amadis
de Gaule. »

Antoine Galland était un jeune professeur
du collège Mazarin, qui figurait dans l'ambassade du marquis de Nointel à titre d' « attaché
théologique ». Cette fonction avait été imagi-
née par MM. de Port-Royal, notamment par
le grand Arnauld et par M. Nicole, qui étaient
fort liés avec M. de Pomponne, alors secrétaire
d'État des Affaires étrangères. Ces messieurs,
engagés dans une vive controverse avec le
pasteur Claude sur le mystère de l'Eucharistie, désiraient avoir des éclaircissements sur
la doctrine des communautés chrétiennes de
l'Orient, touchant le dogme de la présence
réelle. Déjà orientaliste, suffisamment versé
dans la connaissance de l'hébreu, du grec moderne et des anciennes langues asiatiques,
Antoine Galland était spécialement qualifié pour
mener à bonne fin l'enquête délicate où il fut
engagé par la confiance de ses maîtres ecclésias-

tiques. Aussi modeste que savant, il rêvait de consacrer sa vie au catalogue des manuscrits orientaux de la Sorbonne. Très curieux, il fut tenté par le désir de voir du nouveau. Bibliophile avec passion et avec délices, il acheta de vieux livres arabes, et céda au charme des contes féeriques où se joue avec une fantaisie délicieuse l'imagination narrative de l'Orient. Et c'est ainsi que l' « attaché théologique » de l'ambassade de France à Constantinople devint le traducteur des *Mille et une Nuits*... Sa position auprès de l'ambassadeur, ses goûts de flânerie studieuse et de désœuvrement attentif, sa curiosité toujours en éveil, sa connaissance parfaite des divers langages du pays, ses innombrables relations dans toutes les catégories sociales de l'empire ottoman lui ont permis de voir une Turquie invraisemblable, — la vraie Turquie, celle qui se dérobe aux yeux des touristes trop pressés ou des diplomates trop affairés. Chaque soir, après avoir assisté aux cérémonies turques du Vieux-Sérail, aux mômeries des derviches tourneurs ou hur-

leurs, aux manœuvres des janissaires, aux
échanges de cadeaux et de politesses dans les
ambassades, il tenait registre des choses qu'il
avait vues et entendues de sorte que son journal est un résumé d'expérience directe, qui
nous permet de revoir en imagination la capitale de l'empire ottoman, à peu près telle
qu'elle était aux siècles lointains où un geste
du sultan suffisait pour faire emprisonner les
ambassadeurs des grandes puissances au château des Sept-Tours.

Le roi Louis XIV fit savoir au sultan Mahomet IV que la France était résolue à ne point
supporter ces avanies. Le nouvel ambassadeur,
M. de Nointel, et les officiers des navires envoyés à l'occasion de son ambassade appuyèrent
cette notification par plusieurs démonstrations
navales et diplomatiques, qui firent réfléchir
le capitan-pacha et le caïmacan. Ces deux hauts
fonctionnaires, habituellement hargneux, quittèrent à l'instant leur morgue coutumière et
montrèrent des dispositions accommodantes
que personne, jusqu'alors, n'avait pu obtenir

de leur caractère altier. L'un s'appelait Kaplan Moustapha, c'est-à-dire Moustapha le Tigre. L'autre était ce Kassim pacha qui a donné son nom au quartier de Constantinople compris entre Galata et le fond de la Corne-d'Or. Les relations de ces deux personnages avec l'ambassadeur de France étant peu amicales, le marquis de Nointel ne négligeait aucune occasion d'être désagréable au capitan-pacha non moins qu'au caïmacan. Le ponctuel Galland a noté soigneusement toutes les péripéties de cette comédie diplomatique, toute pleine de piques protocolaires. Par exemple, il nous rapporte que dans la journée du dimanche 3 janvier 1672, « le caïmacan envoya à Son Excellence pour demander un drogman, disant qu'il avait quelque chose à lui communiquer par son moyen. M. l'ambassadeur fit réponse que puisque le caïmacan ne daignait pas écouter les drogmans qu'il lui envoyait pour des affaires de peu de conséquence, il ne lui en enverrait pas, à présent qu'il en avait affaire... »

Le caïmacan, dépité, fut réduit à se plaindre,

par l'intermédiaire d'un simple « chiaoux », au sujet d'une prétendue saisie que le marquis de Martel, commandant l'escadre française des mers du Levant, aurait exercée, dans le port de Tunis, sur une tartane chargée de blé.

— Cette affaire, répondit M. de Nointel, ne me regarde pas. Je n'ai pas à prendre connaissance de ce que font les vaisseaux de Sa Majesté très chrétienne. Aussi bien, il y a un consul de France à Tunis. C'est à lui qu'il faut s'adresser.

Le « chiaoux », n'étant pas content de cette repartie, insista pour que l'ambassadeur envoyât son drogman au caïmacan, alléguant que ledit drogman ne pouvait se dispenser de faire cette démarche « en qualité de sujet du Grand-Seigneur ». Mais le marquis de Nointel, déjà rompu à toutes les roueries de la tactique ottomane, sut détourner par une adroite réplique cette « invention subtile et turquesque ». Et Galland termine son récit par cette réflexion, qui flatte son amour-propre d'attaché d'ambassade : « Il est très facile à croire que le

caïmacan n'a guère eu de satisfaction de toutes
ces fortes et généreuses réponses de M. l'ambassadeur. »

La diplomatie des Turcs étant surtout dilatoire, on ne manque point de loisir lorsqu'on
est engagé avec eux en quelque tractation.
Tandis que l'ambassadeur négociait, point par
point, sur les articles des Capitulations, Antoine Galland, « attaché théologique », profi-
tait de ces interminables délais pour s'abandonner à ses ingénieuses récréations de bibliophile et de collectionneur. Ses heures de
travail au palais de France, à Péra, étaient
courtes et peu chargées. De temps en temps,
son chef lui confiait le soin d'écrire une lettre
en grec ou en latin à quelque dignitaire chrétien de l'empire ottoman. C'est ainsi que, le
samedi 9 janvier 1672, il rédigea une belle
épître pour répondre aux politesses du sieur
Panaïòtis Nicousios, premier interprète de la
Sublime Porte : *Acceptis tuis litteris, eo vehe-
mentius gavisus sum...* En calligraphiant de
sa meilleure encre, sur une belle feuille de

vélin, ce *gavisus sum*, qui eût fait les délices des excellents grammairiens de Port-Royal, l'ancien professeur du collège Mazarin, exilé des bords de la Seine aux rives de la Corne-d'Or, songea sans doute à M. Arnauld, à M. Nicole, et aussi à son premier protecteur, M. Petitpied, docteur de Sorbonne, conseiller clerc au Châtelet et curé de la paroisse de Saint-Martin.

C'était fête à l'ambassade, parmi tous ces Français isolés en pleine barbarie, lorsque le courrier apportait des nouvelles de la patrie lointaine. On en faisait part à la colonie, particulièrement à MM. Magy, Fabre et Roboly, notables négociants, considérés comme les premiers députés de la nation, et honorés de la confiance du roi. Ces messieurs étaient convoqués, toutes les fois qu'un navire de l'escadre apportait le « paquet du roi ». (Nous dirions aujourd'hui la valise diplomatique.) C'est ainsi que dans la matinée du samedi 5 mars 1672, le *Diamant* ayant jeté l'ancre à l'escale de Foundoucli, l'ambassadeur, suivi de son personnel, se rendit à bord, où, « il fut reçu par M. de Preuilly, qui était vêtu d'un habit de drap gris blanc fort propre, au haut de l'escalier, et salué d'une décharge de toute la mousqueterie et de treize coups de canon. Les gardes-marine, rangés à tribord et à bâbord, faisaient la haie sur le passage de l'ambassadeur, depuis la coupée jusqu'à la chambre de poupe. M. de Nointel reçut des mains de M. de Preuilly le « paquet du roi », et son départ se fit dans le même ordre, avec le même cérémonial. Le bon Galland se réjouit de constater que l'écho de ces salves triomphales « retentit agréablement partout dans le port, jusque dans Constantinople et le long des côtes d'alentour ».

Le vendredi 18 mars, « Son Excellence fut dîner sur le *Diamant* avec M. de Preuilly. Il s'y tira bien soixante coups de canon pour les santés du roi, de Son Excellence et de M. de Preuilly, qui s'y burent... » L'ambassadeur, qui était un gentilhomme magnifique en sa dépense et généreux dans ses libéralités,

acheta « deux cents quintaux de farine et cent
cinquante mitres de vin pour le rafraîchisse-
ment de l'équipage ».

Le *Diamant* et tous les vaisseaux de M. de
Preuilly étaient encore mouillés dans le port
de Constantinople, lorsque l'ambassadeur reçut
la notification officielle des victoires du roi en
Hollande. Cette bonne nouvelle fut l'occasion
d'une grande réjouissance au palais et dans les
jardins de l'ambassade. Le marquis de Nointel
y convia la plupart de ses collègues étrangers,
entre autres, le « baile » de la Sérénissime
République de Venise, messer Giacomo Qui-
rini, qui s'excusa sur une indisposition subite
et se fit représenter par son premier secrétaire.
A quatre heures de l'après-dînée, le jeudi
21 juillet 1672, en présence du révérend Père
Andreas Ridolfi, évêque de Calamine, suffra-
gant et vicaire patriarcal de Constantinople, au
milieu d'une assemblée de religieux cordeliers,
jacobins, capucins et jésuites, tous de la nation
française, « l'aumônier de Son Excellence,
revêtu de ses habits sacerdotaux avec une étole,

s'avança à la porte de la chapelle qui avait été richement préparée pour cette cérémonie, et prononça, en peu de mots, un petit discours qui fut reçu avec l'applaudissement de tous les assistants. Après quoi, se tournant vers l'autel, il commença le *Te Deum*... » Au même instant une décharge de vingt-huit « boîtes » donna le signal aux bâtiments français qui répondirent par une détonation de neuf pièces d'artillerie. Ce « tintamarre », nous dit Galland, « étonna tous les environs », si bien que « le bostandji bachi (jardinier en chef du sultan) et quelques Turcs d'alentour eurent la curiosité d'envoyer pour s'enquérir du sujet de cette allégresse ». Le soir, après que les religieux cordeliers, jacobins, capucins, jésuites, etc., eurent pris congé de Son Excellence, on se mit à table. L'ambassadeur était assis sous un dais où resplendissait le portrait de Louis XIV en grand costume. A l'heure des toasts, on fit encore parler la poudre avec une telle violence que, le lendemain matin, un « chiaoux » vint se plaindre de la part du caïmacan. Mais

« l'ambassadeur répondit fort vigoureuse-
ment ».

Tels étaient les passe-temps de notre personnel diplomatique en ce temps-là. Il y eut
de la tristesse au palais de Péra, lorsque le
Diamant fit ses préparatifs de départ, ramenant
en France le chevalier d'Arvieux, boute-en-
train de l'ambassade, collaborateur de Molière
pour la cérémonie turque du *Bourgeois gentilhomme*, et M. de Blois, premier secrétaire,
humaniste délicat, pour qui Galland se dessaisit
d'un précieux manuscrit de Catulle, Tibulle et
Properce.

Les divertissements du futur auteur des
Mille et une nuits, dans l'intervalle de ses missions diplomatico-théologiques, étaient surtout
littéraires. Il lisait les *Entretiens d'Ariste et
d'Eugène*, du père Bouhours, afin de s'entretenir dans la parfaite connaissance du beau
langage de Paris. M. Chardin, le célèbre voyageur en Perse, passant alors par Constantinople, lui prêta l'*Histoire de l'Académie française*, de Pellisson. Le dimanche 8 janvier 1673,

il prit sa part d'une grande récréation théâtrale,
offerte par le marquis de Nointel. « M. l'ambassadeur invita M. le baile de Venise à dîner.
Après l'avoir traité fort magnifiquement, il lui
donna le divertissement de la comédie française
qui fut jouée par ses gens sur un fort beau
théâtre, dont Son Excellence avait fait la
dépense. Ils avaient choisi le *Dépit amoureux*
et le *Cocu imaginaire*, toutes deux pièces de
Molière; l'une et l'autre furent représentées,
outre la pompe, la propreté et la richesse des
habits, avec un si grand succès, que non seulement M. le baile en fut très satisfait, comme
il le témoigna publiquement par le plaisir qu'il
en recevait en éclatant de rire le premier aux
plus beaux endroits, mais encore toute la compagnie, qui était composée des marchands de
toutes les nations... » Il y avait aussi à cette
fête, — chose inouïe en Turquie, — un grand
nombre de femmes, « placées dans un amphithéâtre qui avait été dressé tout exprès pour
elles... »

L'ambassadeur se tenait fort au courant des

nouveautés dramatiques de la saison parisienne. *La Femme juge et partie*, comédie en cinq actes, de Montfleury, récemment jouée sur la scène de l'hôtel de Bourgogne, fut représentée à l'ambassade de Constantinople, en l'honneur du résident de Gênes et du vicaire patriarcal des Latins.

Mais le triomphe d'Antoine Galland, ce fut le « divertissement du *Cid,* offert par l'ambassadeur à « une très grande assemblée de Francs, de Grecs et de femmes, tant de Péra que de Galata ». On avait confié au jeune « attaché théologique » le rôle d'Elvire, confidente de Chimène. Et les charmantes filles de M. Roboly, riche négociant, mirent au pillage toute leur garde-robe pour lui composer un costume suffisamment pittoresque. Il avait un « caftan de tabit, couleur de feuille morte claire », orné de boutons d'or travaillés à jour, une très riche ceinture de rubis et de diamants, un long feredjé rouge, doublé de samour, un jupon de brocart d'or et d'argent à fond cramoisi... Ses babouches étaient blanches. Son tarbouch, si lourd qu'il était obligé « de faire un effort pour ne pas laisser succomber sa tête » était empanaché d'aigrettes étincelantes et tout enguirlandé de mousseline et de gaze. On lui mit aux oreilles « deux pendants de deux émeraudes en poire, raisonnablement grosses, de chaque côté avec deux fils de perles rattachés par les deux bouts ». Ainsi bruissant de satin et de soie, tintant du cliquetis métallique des pendeloques et des chaînettes dont il était paré, l'ancien professeur du collège Mazarin, l'enfant chéri de M. Arnauld et de M. Nicole oublia quelque peu les austérités de Port-Royal et se regarda dans la glace sans déplaisir. « On m'a voulu faire croire, nous dit-il ingénument, que je n'avais pas mauvaise grâce dans cet habillement, et qu'il me convenait fort bien. » En tout cas, l'on ne vit jamais une Elvire plus orientale ni plus proche de l'image qu'on se fait habituellement de la belle Scheherazade.

Lecteur assidu de la *Clélie* et du *Grand Cyrus*, Galland, qui regrettait de n'avoir point

la plume de mademoiselle de Scudéry pour
faire la description des pompes exotiques et
barbares dont il fut souvent le témoin stupé-
fait, amusé ou terrifié, indique ce qu'il voit
sobrement, d'un geste discret et cependant
révélateur, soit qu'il raconte ses impressions
de badaud devant le défilé des hordes du
Grand-Turc, s'en allant guerroyer contre les
Polonais, soit qu'il s'arrête devant le Stam-
boul-effendi pour dessiner la silhouette de ce
ventripotent dignitaire, soit qu'il note d'un
mot ou en quelques lignes certains événements qui, en ce temps-là, faisaient partie de
la chronique quotidienne dans la capitale de
l'empire ottoman.

« *Mardi, 26 juillet.* — Les Turcs firent
Turc par force un petit juif âgé de cinq à six
ans.

» *Lundi, 3 octobre.* — Un jeune Grec, âgé
de dix-huit à vingt ans, eut la tête coupée pour
ne s'être pas voulu faire Turc, après avoir été
en prison près de trois mois. Il avait souffert
plusieurs coups de bâton sur la plante des

pieds, et plusieurs autres indignités que les Turcs lui firent pour l'obliger de force à renier la foi de Jésus-Christ, pour laquelle il a souffert avec la plus grande constance du monde. »

Ce martyr s'appelait Nicolas. Il était né en 1656, à Néokhorio, village situé près du mont Olympe. Un Français, M. de La Croix, secrétaire de l'ambassade de France, a écrit la *Vie et le martyre de Nicolas, enfant grec, martyrisé à Constantinople pour la foi de Jésus-Christ.* Sur cette affreuse aventure, Galland nous donne encore d'autres détails émouvants. Les marchands grecs ayant souscrit une rançon de quatre mille piastres, les Turcs consentirent à leur rendre le corps du martyr, qui fut enseveli en terre sainte par les soins du patriarche.

« *Samedi, 4 février.* — Une esclave de Constantinople, ayant été maltraitée de plusieurs coups de bâton sur la plante des pieds par son patron, entra dans un désespoir si grand qu'elle mit premièrement le feu dans la maison et se pendit ensuite, voulant ainsi punir la cruauté de son maître et s'en affranchir en même temps. Le feu gagna plus loin et brûla quelque quatre-vingts boutiques... Quelques personnes, s'étant trouvées enveloppées dans cet embrasement, en furent consumées... Cet exemple aura pu être utile aux misérables esclaves, en donnant avertissement aux patrons de ne pas exercer envers eux ces sortes de sévérités plus que tyranniques, ni de pousser leur patience à bout, de peur de tomber dans un pareil malheur. »

Galland put se détourner de ces horribles spectacles en accompagnant son ambassadeur au cours d'un voyage merveilleux. Ce furent des escales éblouies, à toutes les stations célèbres de l'archipel oriental. Avec le marquis de Nointel, il visita Tenedos et les champs où fut Troie. Puis ce fut l'île de Chio, alors florissante et prospère. On débarqua joyeusement à Délos, à Paros, à Naxos, dans toutes les Cyclades aux noms sonores. La forteresse de Rhodes, bâtie par les chevaliers de Saint-Jean de Jérusalem, était encore intacte, et l'écusson aux fleurs de lys de France brillait sur la façade de l'ancien palais de Villiers de l'Isle-Adam. Après une halte à Chypre, on explora la côte de Syrie, Tripoli, Jaffa, la Terre-Sainte, les hautes vallées du Liban. Ce « voyage des Échelles » se termina par une excursion à Athènes et sans doute par une prière sur l'Acropole.

Lorsqu'il fut revenu à Paris, en possession de plusieurs livres de contes arabes qu'il avait recueillis au hasard de ses recherches studieuses dans les bazars d'Orient, Antoine Galland voulut revoir en imagination la féerie des pays étranges et mystérieux qui avaient émerveillé sa jeunesse. C'est alors qu'étant devenu orientaliste sédentaire, bibliothécaire de l'intendant de Normandie et admis par le roi à l'Académie des inscriptions et belles-lettres, il s'occupa de traduire, pour son plaisir et pour notre divertissement, les *Mille et une Nuits*.

Pendant ce temps, M. de Nointel achevait de remplir sa mission auprès du Grand-Turc et du grand-vizir Kupruli.

La raison du plus fort et le prestige de la puissance ont toujours terrassé les musulmans.

En apprenant que l'armée française avait conquis la Hollande au pas accéléré, le Grand-Turc s'empressa de signer les Capitulations.

Cette ambassade fut une extraordinaire aventure de plein air, de cape et d'épée, avec une grâce de bonne compagnie, un parfum d'humanisme délicat et un grand charme d'orientalisme ingénument émerveillé. C'est, pour les historiens de la France, un délicat plaisir, que d'unir ici en un souvenir, rendu vivant par le spectacle d'un paysage qui n'a point changé, le traducteur des *Mille et une Nuits,* qu'on lit toujours — et le signataire des Capitulations qui n'ont pas cessé de régir la condition des Français en Turquie.

Galata, 2 octobre.

Il y a quelques années, trois cent mille Arméniens, hommes, femmes et enfants, traqués par les matraques ou par les couteaux des massacreurs officiels, furent assommés, égorgés ou éventrés dans les rues de Sivas, de

Trébizonde, de Biltis, de Diarbékir, de Césarée, dans l'église d'Orfa, jusque sur les quais de Constantinople, à deux pas des ambassades européennes, sous les yeux d'une Europe qui semblait souffrir d'une sorte d'apathie ou de paralysie générale.

Un des officiers du *Sidon* qui assista aux massacres du 26 août 1896 nous a fait un émouvant récit des événements dont il a été le témoin terrifié. Nous lui laissons la parole :

« A une heure de l'après-midi, le *Sidon* venait de s'amarrer au quai de Galata. Une personne montée à bord m'annonça qu'à la suite de l'amnistie accordée aux Arméniens, des bagarres s'étaient produites et que les Turcs massacraient tous les Arméniens qui se trouvaient sur leur passage. Piqué par la curiosité, je me rendis à environ trois cents mètres du bord.

» A la hauteur du pont de Stamboul, il y avait une foule énorme et les soldats qui circulaient m'empêchèrent d'approcher ; des Turcs, armés de matraques énormes en bois de hêtre, parcouraient les groupes en tout sens. Tout à coup je vis un rassemblement se produire près du poste, à l'entrée du pont, et aussitôt se lever les bâtons. Ce furent alors des cris de terreur, d'épouvante et d'angoisse. Un pauvre diable tombe assommé, j'en vois traîner un autre tout couvert de sang et auquel au passage chacun donne un coup de talon sur la tête, et tandis que des scènes de ce genre se multiplient, la troupe est immobile, baïonnette au canon. Elle semble indifférente à ce qui se passé. Les officiers de police ne s'occupent même pas de ce qui vient d'arriver; cependant, aux coups sourds des matraques, est venu s'ajouter le bruit d'une fusillade ininterrompue.

» Je rentre à bord, où tout le monde est consigné; quelques personnes, affolées, sont venues y demander asile. De la dunette où nous sommes rassemblés, mes camarades et moi, nous pouvons suivre les péripéties de la tuerie. Dans une petite ruelle de Galata, à cinquante mètres du *Sidon,* nous voyons, descendant du toit d'une masure en planches, quelques hommes, une femme et un enfant. A leur costume, je les reconnais pour des Arméniens, portefaix de la côte d'Anatolie. Tous disparaissent dans la foule par le fond de la ruelle du côté de la grande rue de Galata.

» Sur leur passage, une bagarre se produit, un homme parvient à se dégager et s'échappe en courant du côté du bord ; il a sans doute l'idée de se réfugier sur le *Sidon*, à l'abri du pavillon français, mais les Turcs le poursuivent avec acharnement et il n'a pas fait vingt pas qu'il reçoit des coups de matraques ; le malheureux, néanmoins, ne tombe que quelques pas plus loin, à une vingtaine de mètres du bord !

» Les Turcs alors s'acharnent sur lui, la tête est littéralement brisée et le sang coule sur les plaies béantes ; puis les Turcs qui passent frappent le cadavre à coups de talons de bottes. »

M. de la Boulinière, notre chargé d'affaires, a vu, de ses yeux vu, couler le sang en ruisseaux dans les rues de Constantinople et des charretées de cadavres rouler vers les charniers des faubourgs. Les rapports de nos consuls. — notamment de MM. Bergeron, Cillière, Carlier — ont signalé les mêmes carnages à Erzeroum, à Trébizonde, à Diarbékir...

Galata, le 3 octobre.

Dans ces vieux quartiers de Stamboul, le spectacle trop continu des choses exotiques et barbares inflige au voyageur nourri d'humanisme, la nostalgie de la civilisation. Aujourd'hui j'entendais chanter dans ma mémoire, — en revoyant de ma fenêtre les rives merveilleuses de l'Hellespont et du Bosphore, terres illustres et malheureuses, longtemps ouvertes à l'influence douce et puissante des lettres et des arts, et d'où sont partis, après une effroyable catastrophe, les initiateurs de la Renaissance italienne et de la Renaissance française, — j'entendais chanter les vers du grand poète qui, venu de Constantinople, a

rajeuni, rafraîchi aux sources antiques la poésie
de notre nation :

Vierge au visage blanc, la jeune Poésie,
En silence attendue au banquet d'ambroisie,
Vint sur un siège d'or s'asseoir avec les dieux,
Des fureurs des Titans enfin victorieux.

. . . .

Voilà ce que chantait aux Naïades prochaines
Ma Muse jeune et fraîche, amante des fontaines,
Assise au fond d'un antre aux nymphes consacré,
D'acanthe et d'aubépine et de lierre entouré.
L'Amour qui l'écoutait caché dans le feuillage
Sortit, la salua sirène du bocage,
Ses blonds cheveux flottants par lui furent pressés
D'hyacinthe et de myrte en couronne tressés :
« Car ta voix, lui dit-il, est douce à mon oreille
Autant que le cytise à la mielleuse abeille.

Et ceci, qui est pur et charmant comme le
premier rayon de l'aurore :

Salut, aube au teint frais, jeune sœur de Zéphire,
Descends, Muse, chantons, apporte-moi ma lyre ;
L'oiseau, sur son rameau, mélodieux réveil !
De l'abri de son aile, asile du sommeil,
A retiré sa tête et, de sa voix légère,
Va chanter tout le jour. Qu'aurait-il mieux à faire ?

Et enfin ceci, qui est comme une transposi-
tion poétique de l'acte de naissance d'André
Chénier :

Salut, dieux de l'Euxin, Hellé, Sestos, Abyde,
Et nymphe du Bosphore et nymphe Propontide!
. . . .
Hèbre, Pangée, Hémus et Rhodope et Riphée!
Salut, Thrace, ma mère et la mère d'Orphée,
Galata que mes yeux désiraient dès longtemps :
Car c'est là qu'une Grecque, en son jeune printemps,
Belle, au lit d'un époux nourrisson de la France,
Me fit naître Français dans les murs de Byzance.

Un de mes compagnons de voyage, homme
apparemment paradoxal, me dit :

— Voyons. Soyons francs. En songeant à
tout ce que la turcocratie a ravagé dans Constantinople, est-ce qu'on ne regrette pas d'être
tombé en extase devant cet orientalisme un
peu désuet, dont les vieux romantiques nous
rabâchent la terminologie habituelle : Allah!
Allah! mosquées, turbés, narghilés, pilaf, minarets, harem, odalisques, pachas, tchibouk, tes-
kéré, bouyourouldou, firman, bakchich, sélam-

lik, icoglans, muets du sérail, eunuques nègres,
rahat-loukoum, moucharabiehs, bazar, etc. Il
faut supporter avec philosophie les insuppor-
tables sollicitations des guides et des courtiers
qui guettent le voyageur à la descente du
bateau, pour lui soutirer toute la monnaie
turque dont il essaye vainement de connaître
le taux bizarre, le cours fantastique et les invraisemblables variations. On se fait cahoter en
d'extraordinaires guimbardes, à travers les ornières et les cloaques de Stamboul. Je suis allé
voir, au trot d'un cheval poussif, des terrains
vagues et des taudis délabrés qui, s'ils étaient
situés à Paris, seraient simplement le rendez-
vous habituel de messieurs les apaches. Vous
vous extasiez sur des costumes qui chez nous,
je crois, n'amusent plus guère que les derniers
fidèles du mardi gras et de la mi-carême. On
s'étonne d'être venu si loin pour admirer certaines têtes que nous pouvons voir commodément chez nous au bout d'un tuyau de pipe.
On regarde tourner en rond des derviches.
On écoute d'autres derviches qui hurlent de

plus en plus fort à mesure qu'augmente le pourboire consacré à ce divertissement par le touriste ingénu…

Mis en verve par toutes ces idées drôlatiques, mon paradoxal ami continua :

— On vogue vers Eyoub, en des caïques instables qui chavirent quelquefois et précipitent l'imprudent voyageur dans la fange d'un port où les salubres opérations de la drague sont depuis longtemps tombées en désuétude. On flâne, pour s'amuser, dans des cimetières spécialement recommandés par monsieur Baedeker pour le caractère particulièrement agréable de leur aspect; effectivement, dans ces lieux funèbres, les tombeaux sont posés de travers, en biais, de guingois, à la queue-leu-leu, de telle sorte que leurs vieilles pierres gondolées ont l'air de danser une gigue éperdue. Et ce serait presque plaisant, si ce n'était, hélas! déplorablement macabre. Et puis, il y a la visite des mosquées, la course folle des touristes, cahin-caha, à travers les rues défoncées où se dressent les minarets. Du haut de ces minarets, devant lesquels

on est obligé de se pâmer, et qui ressemblent
— disons-le tout bas pour ne point contrister
les amateurs de couleur locale, — à de grands
chandeliers sans flamme et sans lumière, la voix
aiguë des crieurs qu'on appelle ici des muezzins
fait entendre des glapissements et des miau-
lements qui proclament, paraît-il, qu'Allah est
grand et que Mahomet est son prophète. Pour
entrer dans les mosquées, on est obligé d'obtenir des permissions spéciales. Ces permissions
ne suffisent pas toujours à dissiper la mauvaise
humeur des bedeaux chargés de garder la porte
de ces sanctuaires trop rébarbatifs. Il faut par-
lementer au seuil du vestibule, donner des piastres à une incroyable quantité de quémandeurs,
subir toutes sortes de surveillances policières,
plus ou moins déguisées sous des sourires obséquieux, chausser enfin d'énormes babouches
qui vous font trébucher à chaque pas, et s'esti-
mer heureux, après toutes ces tracasseries, si
l'on n'est pas repoussé dans la rue, en étant
traité de « chien » par-dessus le marché. Toutes
les mosquées d'ailleurs se ressemblent, à l'ex-

ception de Sainte-Sophie, qui est une des plus authentiques merveilles de l'art byzantin, et dont les mosaïques, sans doute admirables, ont été pieusement badigeonnées à coups de balai par les artistes musulmans. Hormis ce chef-d'œuvre de deux grands architectes hellènes, il n'y a presque rien à Constantinople qui évoque l'image des siècles où la grande cité impériale devint la capitale intellectuelle de l'univers civilisé. Les statues qui semblaient devoir immortaliser dans le marbre ou dans le bronze les traits des derniers défenseurs de l'empire romain d'Orient ont été cassées par les marteaux et les mailloches des conquérants. Les fresques des iconographes qui ont appris à un Cimabué, à un Giotto leur métier de peintre ont été barbouillées de chaux vive ou de mortier jaune... Lorsqu'on rentre le soir à l'hôtel, on est un peu las d'avoir marché sur des pavés pointus à la recherche d'un pittoresque où il y a, somme toute, beaucoup de convenu, de chiqué et de rococo. Franchement, il y a une sorte d'orientalisme où le poncif ne manque point. Après tant de journées d'esthétique orientale, on éprouve un sincère désir de redevenir Français.

Ainsi parlait, dans la salle à manger d'un confortable « palace », devant une table fleurie de bouquets fraîchement cueillis, un Parisien très original et enclin au paradoxe. Quoi qu'il en soit, je reconnais qu'on est très heureux de se retrouver enfin dans une atmosphère européenne et française. L'abus de l'exotisme romantique nous ramène aux visions l'antiquité, comme aux mirages d'un paradis perdu. J'ai entendu chanter, dans ma mémoire, les noms harmonieux de Sestos et d'Abydos...

A la maison d'André Chénier.

Je suis allé voir ce matin dans le quartier français de Constantinople, la maison natale d'André Chénier.

Entre la tour de Galata et le rivage de la

Corne-d'Or, tout près de l'église catholique des Saints Apôtres Pierre et Paul, il y a une grande bâtisse carrée, bien construite en pierre de taille, dont la solide apparence fait ressortir, par un saisissant contraste, le délabrement des masures d'alentour. C'est une de ces maisons que l'on appelle ici des « hans », que l'on nomme des « fondouks » sur les côtes barbaresques, et où nos compatriotes d'antan, exilés dans ces parages, étaient quelquefois obligés de se barricader pour résister aux entreprises des Arabes ou des Turcs.

Les murs de ce vieux logis sont épais comme ceux d'une forteresse. Les fenêtres du rez-de-chaussée sont hautes et toutes défendues par de forts grillages en fer.

Lorsqu'on lit, dans les mémoires du comte de Ferriol, qui fut ambassadeur de France près de la Sublime-Porte, le récit des avanies auxquelles étaient exposés jadis les Français de Péra et de Galata, on n'est point tenté de penser que ces précautions furent inutiles. Au-dessus de ces fenêtres, on lit, sur une plaque de marbre blanc, cette inscription, récemment gravée :

ANDRÉ CHÉNIER

NAQUIT

DANS CETTE MAISON

LE

30 OCTOBRE 1762.

Un Grec très savant et très lettré, qui a bien voulu me guider dans ce pèlerinage littéraire, me dit que l'appartement où naquit André Chénier est maintenant habité par un gradué de l'Université de Paris, M. Constantin Sarifopoulo, avocat, licencié de notre Faculté de droit. Un des étages de la maison d'André Chénier est actuellement occupé par la Chambre de commerce hellénique. L'aimable secrétaire de cette compagnie m'a montré plusieurs pièces de cette demeure historique, où j'ai le plaisir de voir une bibliothèque composée de livres français.

L'inscription commémorative de la naissance d'André Chénier a été gravée par les soins d'un de nos compatriotes, M. Régis Delbeuf, qui a profité de plusieurs années de séjour dans la dernière capitale de l'humanisme hellénique pour consacrer un très intéressant travail aux *Origines d'André Chénier*.

Si j'ose me citer moi-même auprès d'un spécialiste si autorisé, j'oserai dire l'émotion que j'ai ressentie ce matin, en retrouvant, sur les registres de l'église des Saints Apôtres Pierre et Paul, à Constantinople, l'acte de baptême d'André Chénier. Je transcris ce document *in extenso* pour tous ceux qui aiment la précision dans l'histoire littéraire, et particulièrement pour les admirateurs du poète de l'*Oaristys*.

Anno Domini 1762, die 30 octobr., ego, frater Marianus Timoni, congregationis orientalis ordinis praedicatorum, vicarius generalis et rector parochiae sanctorum apostolorum Petri et Pauli, Galatae, baptizavi Andream-Mariam, filium domini Ludovici Chénier, Galli, et dominae Elizabethae Lomaca, legitimorum conju-

gum ; ad fontem sacrum tenuere dominus Claudius Amic, Gallus, nomine domini Andreae Bevant, Carcassonnensis, et domina Maria Lomaca.

Autrement dit :

« L'an du Seigneur 1762, le trentième jour d'octobre, je soussigné, frère Mariano Timoni, de la congrégation orientale de l'ordre des Frères prêcheurs, vicaire général et recteur de la paroisse des Saints Apôtres Pierre et Paul, à Galata, déclare avoir baptisé André-Marie, fils du sieur Louis Chénier, Français, et de dame Élisabeth Lomaca, époux légitimes. L'enfant a été tenu sur les fonts baptismaux par le sieur Claude Amic, Français, au nom du sieur André Bevant, natif de Carcassonne, et par dame Marie Lomaca. »

Marie Lomaca, tante et marraine d'André Chénier, devait épouser, quelques années plus tard, M. Claude Amic. Elle fut la grand'mère de M. Thiers...

Le père d'André Chénier était originaire de

Montfort, près de Limoux. Il était né le 3 juin 1722. Orphelin dès l'âge de vingt ans, il sollicita la faveur d'être envoyé comme négociant dans les Échelles du Levant pour y chercher l'occasion d'une fortune honorable. Cette faveur, dit M. Régis Delbeuf, « était assez difficile à obtenir. Ne partait pas qui voulait… Il fallait présenter les plus sérieuses garanties, être instruit, de bonne famille, et de mœurs irréprochables, pour faire honneur à la France. » Louis Chénier obtint, le 2 août 1742, l'autorisation désirée. Il partit, en qualité de commis de MM. Lavabre et Dussol, qui avaient établi à Constantinople depuis quatre ou cinq ans une maison pour la vente des draps du Languedoc. Il travailla si bien au gré de ses patrons, de ses clients et de tous ses compatriotes, qu'au bout de peu d'années il fut nommé « premier député de la nation », c'està-dire délégué permanent de la colonie française auprès de l'ambassade de France. L'ambassadeur, en ce temps-là, était le comte des Alleurs, diplomate assez peu prévoyant, dont

la femme était fantasque et dont les dépenses
désordonnées dépassaient de beaucoup les
limites d'un budget régulier. Louis Chénier
sut profiter de cette situation pour rendre des
services délicats, dont il fut récompensé d'une
manière convenable. On voit, par la lecture
d'un document qui est conservé aux archives
de notre ministère des Affaires étrangères, que
le père d'André Chénier pourvut, au nom de
la « nation » aux dépenses tant extraordinaires
que secrètes, et fit les avances particulières
pour le service. L'ambassadeur écrivit à Paris,
à son gouvernement, pour recommander Louis
Chénier aux bons offices des pouvoirs publics.
Il disait : « Je ne puis assez me louer de la
dextérité, de l'intelligence et des attentions du
sieur Chénier. L'expérience que j'ai faite de
son talent et de son discernement me le
fait regarder comme le négociant le plus con-
sommé de cette Échelle. » Louis Chénier était
déjà le premier député de la nation depuis
quatre années consécutives, lorsque M. des
Alleurs vint à mourir, le 21 novembre 1754.

Étant sur son lit de mort, l'ambassadeur fit venir le jeune délégué de la colonie française, et le chargea « de gérer les affaires et d'en rendre compte au ministre conjointement avec le sieur Deval, secrétaire interprète ». Cette confiance officielle engagea Louis Chénier à sortir de la carrière commerciale pour solliciter un poste diplomatique ou consulaire. On a gardé de lui une lettre du 23 janvier 1755, où il sollicitait du ministre des Relations extérieures le titre de « chargé d'affaires », en faisant valoir ses titres : « L'expérience, disait-il, que j'ai du pays et des affaires par une résidence assez longue et un travail suivi, me fait connaître tout le poids de ce fardeau ; mais par la même raison, j'ai cet avantage sur tout autre, et j'oserais aspirer à la gloire de recevoir les ordres du Roi. »

Entre temps, Louis Chénier s'était marié. Voici son acte de mariage, traduit du latin :

« L'an du Seigneur 1754, le 25 octobre,

» Par commission du très illustre et très révérend archevêque, après sérieux examen de l'état libre du sieur Louis Chénier, Français, et de demoiselle Élisabeth Lomaca, de Constantinople, tous deux enfants de cette paroisse, sans tenir compte des publications dont dispense est faite par le même ordinaire, j'ai, moi, frère Mariano Timoni, de l'ordre des Frères prêcheurs, vicaire général et curé de l'église des Saints Apôtres Pierre et Paul, à Galata, interrogé chez eux les susdits Louis Chénier et Élisabeth Lomaca et ayant reçu leur mutuel consentement, je les ai unis par le mariage, suivant le rite de la sainte Église romaine. En présence de Jacques Somaripa et du révérend Père Albert Dapy, témoins. »

Élisabeth Lomaca, la jeune femme de Louis Chénier, appartenait à une de ces familles grecques qui ne négligent aucune occasion de resserrer les liens de leur parenté avec la nation française. Son père était un homme cultivé, qui avait visité la France et qui donna des gages de son vif attachement pour notre pays. Une tante de madame Chénier, Zoé Lomaca, morte en 1753, enterrée dans l'église

Saint-Georges, légua la plus grande partie de ses biens aux capucins français de Constantinople. M. Régis Delbeuf a eu la bonne fortune de retrouver aux archives de la chambre de commerce de Marseille, une série de documents qui prouvent qu'André Chénier avait de bonnes raisons pour se vanter d'être « né Français dans les murs de Byzance[1] ».

Un des frères de madame Chénier, Jean-Baptiste Lomaca, né en 1736, fut drogman du consulat de France. On a retrouvé la mention de son nom et de ses services dans plusieurs pièces diplomatiques. Son épée, son uniforme et ses décorations se trouvent maintenant au musée de Carcassonne, où l'on conserve encore d'autres souvenirs de la famille Chénier, arrivés là par une série d'héritages et de donations.

1. Tandis que ce livre était sous presse, les événements d'Orient ont modifié profondément la situation respective des populations de l'Europe orientale. L'auteur, en affirmant son respect pour la bravoure malheureuse et en rendant hommage aux sentiments de pitié que toute âme bien née doit aux vaincus d'une terrible guerre, regrette que le zèle de quelques éloquents défenseurs du régime ottoman soit allé jusqu'à un étrange excès d'injustice à l'égard des nations chrétiennes, amies de la France.

André Chénier fut l'avant-dernier des huit enfants qui sont issus du mariage de Louis Chénier et d'Élisabeth Santi-Lomaca. Un de ses frères, Constantin-Xavier, né le 4 août 1757, entra dans la carrière consulaire. Sa sœur Hélène-Christine épousa en 1786 le comte de la Tour-Saint-Igest. On connaît la destinée du poète Marie-Joseph Chénier qui fut le dernier-né de cette famille très littéraire. Le sixième enfant d'Élisabeth Lomaca fut baptisé en l'église Saint-Pierre, sous le nom de Louis-Sauveur, le 27 novembre 1761. Domicilié à Paris pendant la Révolution, il fut détenu sous la Terreur, et put atteindre sans trop d'encombre la date libératrice du Neuf Thermidor. Il épousa dans des circonstances romanesques une jeune et jolie veuve qui s'était intéressée à son malheureux sort. Sa descendance s'est éteinte en 1880, dans la personne de M. Gabriel de Chénier, à qui l'on doit une très importante édition des œuvres d'André.

Les recherches de M. Régis Delbeuf ont eu pour objet d'élucider principalement les ques-

tions relatives à l'ascendance d'Élisabeth Lomaca. Ce savant historien a retrouvé une épitaphe qui nous donne l'état civil du grand-père
d'André Chénier :

D. O. M.

ET MEMORIÆ D. ANTONII SANTI-LOMACA

IN EXERCENDA GEMMARUM MERCATURA

CELEBERRIMI

ET

IN STUDIO RERUM ANTIQUARUM

PERITISSIMI

NEC NON

ERGA PAUPERES

BENEFICENTISSIMI

ETC.

Traduction :

« A Dieu très bon, très grand, et à la mémoire du sieur Antoine Santi-Lomaca, très
célèbre dans le commerce des pierres précieuses, très expert dans l'étude des antiquités
et très bienfaisant envers les pauvres, etc. »

Le grand-père d'André Chénier était donc
quelque chose comme joaillier et antiquaire.
Ces deux métiers ne sont pas, en somme, très
éloignés de la poésie. Cet ami des antiquités et

des pierres précieuses eut pour femme Élisabeth Petri, dont voici l'épitaphe :

« Ici repose dame Élisabeth Petri, dont la
patience fut merveilleuse, et dont la prudence,
en maintes occasions, fut remarquée. Elle se
distingua par la suavité de son caractère ainsi
que par la pureté de sa vie. L'esprit tourné
vers Dieu et vers l'éternité, morte pour le
monde pendant qu'elle vivait, elle obtint une
sainte mort, digne de sa vie, le 21 novembre 1776, à l'âge de 58 ans. Ce monument
de pieux souvenir lui a été consacré par Antoine Santi-Lomaca son époux. »

On ne retrouve pas, chez le poète de l'*Her-
mès* le mysticisme de cette bonne grand'mère
dévote, qui mourut quasiment en odeur de
sainteté. Elle eût craint, si elle avait vécu assez
longtemps pour lire les *Églogues* ou les
Idylles, de deviner dans la vie et dans les
livres du jeune ami des frères Trudaine et de
Fanny un paganisme excessif. Ce n'est pas
d'elle, évidemment, qu'il tint sa dévotion aux

dieux de l'Olympe et aux héros de l'Hellade ressuscitée. Quoi qu'il en soit, j'ai goûté une émotion douce et forte en retrouvant ici cette pure source de poésie française: Chercher la France partout, suivre en tous lieux sa trace lumineuse, découvrir l'origine lointaine des nouveautés qu'elle a révélées au monde, réveiller l'âme de ses héros, de ses bienfaiteurs ou de ses amis épars en des tombes diverses, sur la surface de la vaste terre, relever cette nation de tous les faux jugements qui voudraient l'amoindrir, ou de l'excessive humilité qui, en certaines conjonctures, risqua de la rabaisser à ses propres yeux, tel me paraît être, pour un Français de ce temps-ci, le premier principe de l'art de voyager.

FIN

TABLE

E. GREVIN. — IMPRIMERIE DE LAGNY. — 2874-2-13.

www.ingramcontent.com/pod-product-compliance
Ingram Content Group UK Ltd.
Pitfield, Milton Keynes, MK11 3LW, UK
UKHW022323090726
13658UKWH00001B/39